ALICE CHAPIN

»Ich liebe dich« anders gesagt

editions TROBISCH

ALICE CHAPIN

»Ich liebe dich« anders gesagt

400 originelle Ideen, Ihren Partner zu überraschen

editions TROBISCH

Bibeltexte nach der Luther-Übersetzung in der revidierten Fassung von 1984, © Deutsche Bibelgesellschaft, Stuttgart

Bibeltexte aus »Hoffnung für alle«, Brunnen-Verlag Basel und Gießen

Published 1996 by Tyndale House Publishers, Wheaton, Illinois, USA
Originaltitel: 400 More Creatives Ways to Say *I love you*
Übersetzt von Barbara M. Trebing

hänssler-edition Trobisch
Bestell-Nr. 854.093
ISBN 3-7751-9093-7

2. Auflage 2000
Hänssler Verlag, D-71087 Holzgerlingen

Umschlaggestaltung: Christine Paxmann, München
Titelfoto: Christine Paxmann, München
Satz: AbSatz Ewert-Mohr, Klein Nordende
Druck und Bindung: Ebner Ulm
Printed in Germany

Inhalt

1 Es geht um die Liebe
Die Sprache der Liebe für wortkarge Liebhaber 11

2 Geboren, um geliebt zu werden
Lieben und geliebt zu werden ist das Schönste auf der Welt 21

3 Zeit für Gefühle
Wie man sentimental werden und es auch noch genießen kann 41

4 Ein Geschenk ist fortgegebene Liebe
Kreativ schenken können ist eine Gabe 56

5 Kleine Dinge, große Wirkung
Kleine Aufmerksamkeiten sind wichtig und sollten nicht gering geschätzt werden 65

6 Was macht die Liebe?
Ehe und Erotik – ein Widerspruch 86

7 Es ist genauso schwierig, mit jemandem zusammenzuleben, den man liebt, wie jemanden zu lieben, mit dem man zusammenlebt
Wie man es lernt, die unangenehmen Auseinandersetzungen in der Ehe zu umschiffen 105

8 Die absoluten Ehekiller
Ebbe im Portmonee ist noch lange kein Grund zur Langeweile 130

9 Mit Freuden unterwegs
Sie werden nicht mehr ohne ein paar dieser Tips aus dem Haus gehen 152

Ein Wort der Autorin

Dieses Buch bietet keine einfachen Lösungen für komplizierte Eheprobleme. Es ist eine Sammlung zündender Ideen und kreativer Vorschläge, die das Feuer der Liebe neu entfachen wollen. Sie stammen von den besten Liebespaaren der Welt, ganz normalen Frauen und Männern aus allen Altersklassen und Lebenssituationen, die sich aber dadurch von anderen unterscheiden, dass ihre Ehen intakt und lebendig sind. Sie sind nicht vollkommen, aber sie wissen, wie sie in guten wie in bösen Tagen zusammenhalten können – auch wenn beide Partner berufstätig sind und auch wenn einem angesichts der steigenden Scheidungsraten der Mut schwinden will. Und deshalb verdienen sie es, gehört zu werden. Nicht jede der hier genannten Ideen wird sich für jedes Paar eignen. Aber vielleicht kann Ihnen die eine oder andere doch helfen, Ihr Liebesleben wieder in die richtige Richtung zu lenken.

Wo habe ich diese Paare kennen gelernt? In den Ferien, am Strand, im Flugzeug, in Seminaren oder Gesprächskreisen und auf Freizeiten, die ich durchgeführt habe. Auch ein paar kluge Pastoren und erfahrene Therapeuten sowie Freunde, Bekannte und Verwandte haben aus ihrem Fundus beigesteuert. Es war auch wirklich an der Zeit, dass einmal jemand diese Experten aus der friedlichen Abgeschiedenheit ihrer glücklichen Häfen herauslockte, damit sie ihr »Insiderwissen« an andere weitergeben. Die meisten fühlten sich geschmeichelt. Ein paar riefen: »Wir dachten schon, wir würden nie gefragt!«

Nachdem ich mein erstes Buch zu diesem Thema veröffentlicht hatte, gingen eine Menge neuer Vorschläge ein. Aus dem ganzen Land kamen Briefe oder Anrufe begeisterter Leser. Und vielleicht gelangen Sie, nachdem Sie ein paar der geschilderten Vorschläge ausprobiert haben, ja zu derselben Erkenntnis wie ich: Was zählt, ist die Erfahrung!

Eine Frau erzählte mir: »Die meisten Paare wünschen sich, sie könnten einander ihre Liebe besser zeigen, aber sie wissen nicht wie. Sicher, ab und zu tun wir alle irgendetwas, woran der andere erkennen kann, dass er uns wichtig ist, aber die meisten ›wursteln‹ doch einfach vor sich hin, weil wir es nicht besser wissen. Was wir brauchen, sind neue und bessere Spielregeln für dieses alte Spiel.«

Genau darum habe ich dieses Buch zusammengestellt.

Die Bandbreite der Anregungen ist groß. Sie finden ernste und sentimentale, sehr persönliche und sehr tiefsinnige Vorschläge. Viele sind unbekümmert und peppig, albern und leichtsinnig genug, um ein Kichern oder auch ein herzhaftes Lachen hervorzurufen (und was verbindet ein Paar besser, als gemeinsam lachen zu können?). Andere sind romantisch, zärtlich, ja sogar erotisch. Keiner ist gesetzlich geschützt. Sie können sie unbesorgt ausprobieren und testen, was in Ihrem Leben am besten funktioniert!

Ein Tipp für die Nachdenklichen: Wer versucht, seine Liebe auf neue Art zu zeigen, der geht ein Risiko ein. Dem Empfänger der ungewohnten Bemühungen ist bei der ganzen Sache vielleicht nicht so wohl wie Ihnen. Das sollte Sie aber nicht hindern! Zwingen Sie niemandem Ihre Vorstellungen auf, lassen Sie sich aber auch nicht bremsen! Die Geheimnisse, die hier verraten werden, haben anderen geholfen, ihre Ehe zu verbessern. Warum also sollten sie nicht auch bei Ihnen wirken? Wenn eine Idee nicht funktioniert, probieren Sie es mit einer anderen. Haben Sie Geduld. Und meinen Sie nicht, Sie seien für die eine oder andere Aktivität zu alt oder das sei für Sie zu teuer.

Auf die innere Einstellung kommt es an, vor allem wenn der Groll sein hässliches Haupt erheben und Ihnen böse Gedanken einflüstern will, weil vielleicht Ihr Partner so selten bereit ist, auch einmal etwas Neues zu wagen. Dass Sie immer den Anfang machen müssen, ist noch lange kein Grund, sich als Märtyrer zu fühlen. Neue, kreative Ideen in eine Beziehung einbringen zu können ist ein Privileg. Deshalb korrigieren Sie Ihre Einstellung wo nötig, und halten Sie sich vor Augen, dass es Ihnen um den

Erhalt und die Pflege Ihrer Beziehung geht, nicht um ein Selbstopfer. Sie wollen Liebe schenken und erwarten dafür keine Gegenleistung (obwohl Sie sicher irgendwann auch die Früchte Ihrer Bemühungen ernten werden). Und vielleicht findet Ihr Partner ja die eine oder andere dieser Ideen so toll, dass er oder sie beginnt, sie auch auszuprobieren. Hat nicht der Herr der Liebe selbst gesagt: »Die Liebe hört niemals auf«?

Jeder Tag hat 1440 Minuten. Vielleicht können Sie wenigstens fünf davon abzweigen, um irgend etwas Kleines oder Großes zu tun, das Ihrer Ehe einen neuen Impuls gibt.

Für den männlichen Leser: Dieses Buch richtet sich hauptsächlich an die Frauen. Aber natürlich dürfen auch Sie einen Blick hineinwerfen, und vielleicht probieren Sie einmal ein paar der Vorschläge aus. Damit würde es eine Anleitung für jederMANN. Nur Mut, blättern Sie ein wenig herum, und notieren Sie sich ein paar Ideen in Ihrem Terminkalender. Eine gute Ehe darf man nicht leichtfertig aufs Spiel setzen.

Über die Autorin

Alice Chapin würde sich selbst nicht als Expertin in Sachen Liebe bezeichnen. Aber sie ist eine begeisterte Sammlerin guter Ideen, wie Ehepaare einander noch besser ihre Liebe zeigen können. Sie genießt es, ihre Vorschläge mit ihrem Mann Norman, einem Pastor und Therapeuten, zu besprechen und sich seine anzuhören. Beide sagen von sich, sie seien glücklich verheiratet (meistens jedenfalls!). Wann finden zwei so beschäftigte Menschen die Zeit, ihre Ideen auszuprobieren? Nun, wann immer es möglich ist! Aber wenn ihre vier Töchter sie fragen, *wie viele* sie denn schon selbst getestet hätten, dann lächeln sie nur stumm und zwinkern sich zu. Das bleibt ihr Geheimnis!

Alice und Norman Chapin leben in der Nähe von Atlanta im US-Bundesstaat Georgia.

»Euch aber lasse der Herr wachsen und immer reicher werden in der Liebe untereinander.«

1. Thessalonicher 3,12

1

Es geht um die Liebe

Die Sprache der Liebe für wortkarge Liebhaber

Ein freundliches Wort schenkt Freude am Leben.
Sprüche 15,4 Hfa

Liebe braucht Worte, um zu wachsen. Kleine Komplimente, ob mündlich oder schriftlich, sind ein Geschenk von unschätzbarem Wert, das Sie Ihrem Partner auf keinen Fall vorenthalten sollten. »Ich liebe dich«, das kann (und sollte) man so oft wie möglich sagen und sich dabei immer wieder etwas Neues einfallen lassen. Niemand, weder Mann noch Frau, wird es wohl jemals müde, diese Worte zu hören, die unser nach Liebe dürstendes Herz mit Wärme füllen. Sie sind wie ein Zaubermittel, eine Therapie für eine Beziehung in der Krise und eine Notwendigkeit für den Fortbestand einer gesunden Ehe.

Freundliche, mit Bedacht gewählte Worte sind immer und überall gefragt und erfreuen auch den, der sie sagt oder schreibt. Wenn Sie das Gefühl haben, Sie hätten eher eine schwere Zunge, dann finden Sie hier ein paar Anregungen, die schon von vielen Paaren ausprobiert wurden:
- Ich will nur dein Bestes.
- Ich möchte, dass du glücklich bist.
- Du machst mich froh.
- Ich gehöre gern zu dir.
- Ich liebe dich mehr als irgendjemand sonst.
- Ohne dich würde ich es nicht eine Woche aushalten.

- Du bist der/die Beste von allen.
- Du hast immer so gute Ideen.
- Meine Liebe zu dir ist stärker als alle Probleme. Wir werden das schon in den Griff bekommen.
- Wir sind ein tolles Team.
- Dir verdanke ich die schönsten Jahre meines Lebens, denn du hast mir die besten Jahre deines Lebens geschenkt.
- Das könnte niemand besser machen als du.
- Ich liebe dich, auch heute.
- Ich bin gern bei dir.
- Gott hat es wirklich gut mit mir gemeint, als er mir dich geschenkt hat.
- Du bist phantastisch!
- Du tust mir gut.
- In deiner Nähe fühle ich mich wohl.
- Danke, dass du es all die Jahre mit meinen kleinen Macken ausgehalten hast.
- Du bist der Mann, den ich mir schon immer wünschte.
- Du bist die perfekte Ergänzung.
- Wie soll ich an deinen Geburtstag denken, wenn du nie älter wirst?
- Unsere Liebe wird mit jedem Jahr tiefer.
- Du bist meine heimliche Zuflucht.
- Ich freue mich jedes Mal, wenn ich abends den Schlüssel in der Tür höre, weil ich weiß, jetzt kommst du.
- Ich freue mich, dass du wieder da bist.
- Ich finde es toll, verheiratet zu sein.
- Heute habe ich Gott ganz besonders für dich gedankt.
- Ich würde dich gegen niemanden eintauschen.
- Ich würde dich auf der Stelle wieder heiraten.
- Weißt du noch, wie uns zumute war, als sie unser Lieblingslied spielten? Genauso ist mir heute noch.
- Ich liebe dich heute noch viel mehr als damals, als wir geheiratet haben.
- Glück ist, mit dem besten Freund verheiratet zu sein. Du bist mein bester Freund.

– Du bist genau so, wie ich mir meinen Partner immer vorgestellt habe.
– Du bist noch besser, als ich es mir je vorgestellt hätte.
– Wir waren wirklich füreinander bestimmt.
– Gott muss mich sehr, sehr lieb haben, dass er mir dich geschenkt hat.
– Du bist so lieb zu mir.
– Ich liebe dich, weil du Gott liebst. Das ist der entscheidende Unterschied.
– Ich habe das große Los gezogen, als ich dich getroffen habe.
– Ich werde darüber nachdenken, was du gesagt hast. Vielleicht hast du Recht.
– Danke.
– Danke, dass ich bei dir auch wütend und enttauscht sein kann. Ich musste einfach einmal meine Gefühle aussprechen.
– Ich glaube an uns.
– Tut mir Leid. Da habe ich wirklich falsch gelegen.
– Ich will versuchen, die Sache einmal von deiner Seite aus zu sehen.
– Der Gedanke an dich macht mich froh, wenn ich mich einmal mies fühle.
– Du gibst meinem Leben den richtigen Kick.
– Was machst du an Neujahr?

❀ ❀ ❀

So heißt »Ich liebe dich« in anderen Sprachen:

Auf hawaiisch:	Aloha wau ia oe.
Auf italienisch:	Ti amo.
Auf spanisch:	Te amo.
Auf französisch:	Je t'aime.
Auf russisch:	Ja ljublju tebja.
Auf griechisch:	S'agapo.

Liebesbriefe

Mehr noch als Küsse verbinden Briefe die Seelen.

John Donne

»Was? Ich soll meinem Partner nach so vielen Jahren einen Liebesbrief schreiben?« Wird Ihnen beim Gedanke daran ungemütlich? Schreiben Sie trotzdem! Ihre Ehe ist wichtig. Manchmal ist es leichter, ein paar Sätze aufs Papier zu bringen, als sie laut auszusprechen. Wie wäre es, wenn einer von Ihnen morgen sterben würde? Müssten Sie sich dann Vorwürfe machen, weil zwischen Ihnen manches ungesagt blieb?

Liebesbriefe müssen nicht bis in die letzten grammatikalischen Feinheiten hin korrekt sein. Schreiben Sie so, wie Ihnen zumute ist. Verfassen Sie einen halben Roman, wenn Sie dazu Lust haben, oder nur ein paar kurze Zeilen, ein Gedicht, einen ernsten Text oder etwas Humoristisches, irgendetwas ganz Verrücktes voller Zärtlichkeit, wie Sie beide, oder sonst etwas, was zu Ihnen passt. Peppen Sie Ihren Text mit ein paar Zeichnungen auf. Schreiben Sie Ihren Liebesgruß auf einfachem, weißem Schreibpapier oder fantasievoll bunten Briefbögen. Egal, wie Sie Ihre Botschaft gestalten, Ihre Worte der Liebe werden bestimmt Anklang finden und immer wieder gelesen.

❀ ❀ ❀

Das Herz Ihres Liebsten wird schneller schlagen, wenn Sie Ihre Liebesbotschaft in dem Buch verstecken, das er gerade liest, in seine Aktentasche packen oder als kleinen Gruß auf sein Kopfkissen legen, wenn Sie einmal über Nacht auf Reisen sind.

❀ ❀ ❀

Auch die modernen High-Tech-Geräte können zum Einsatz kommen. Faxen Sie Ihre milden oder wilden Worte in sein Büro, oder schreiben Sie sie auf den Tageslichtprojektor, den er bei der

Arbeit benutzt. (Informieren Sie sich aber vorher darüber, wer anwesend sein wird, wenn er ihn das nächste Mal anschaltet!)

❀ ❀ ❀

Ich kenne eine Frau, die ihren Liebesbrief absichtlich im Kühlschrank versteckt hat. Am Mittwoch ist bei ihrem Mann Fernsehabend, und sie wusste, dass er sich sein Bier holen würde. Als er den Brief fand, ließ er Fernsehen Fernsehen sein und ging in sein Zimmer, um ihre Botschaft ungestört lesen zu können.

❀ ❀ ❀

Wenn Sie Ihren Liebesbrief mit der Post schicken wollen, können Sie zum Beispiel die Briefmarke umgekehrt aufkleben (Sie wissen doch sicher, was das bedeutet?), und natürlich werden Sie vorher auf die Post gehen und eine besonders schöne Marke aussuchen. Wie wär's, wenn Sie den Brief als Überraschung von Ihrer Heimatstadt aus abschicken, vielleicht wenn Sie gerade Ihre Eltern besuchen?

❀ ❀ ❀

Sie können Ihre Liebesbotschaft

- auf einen riesigen Luftballon schreiben oder auf einen kleinen Zettel, den Sie in einen durchsichtigen Ballon stecken,
- auf den Spiegel der Schlafzimmerkommode,
- im Urlaub am Strand in den Sand schreiben,
- auf den Boden seiner Frühstücksbox oder seines Werkzeugkastens kleben,
- auf Notizzettel malen, die Sie im ganzen Haus anbringen. Kleben Sie einen auf das Butterbrot in seiner Aktentasche, auf die Kaffeetasse oder seinen Lieblingsbecher, in seinen Arzneischrank, auf sein Rasierwasser, in die Tasche des Hemdes oder Anzugs, den er heute tragen wird, oder auf den Spiegel oder die Windschutzscheibe seines Autos oder auf den Tankdeckel,

– auf die nächsten Blätter des Toilettenpapiers schreiben,
– auf einen schönen Kuchen oder ein Riesenplätzchen spritzen,
– auf einen Zettel malen, den Sie an seinen Schlafanzug heften,
– als Rezept tarnen. Beispiel: Medizin für eine grüne Witwe (mich): ein Abend bei Kerzenlicht, nur mit dir. Wann?,
– mit den verschiedenen Zutaten auf einer Riesenpizza anordnen,
– auf ein Poster malen, das sie auf eine Staffelei im Wohnzimmer stellen, sodass er es gleich sehen muss, wenn er hereinkommt,
– zwischen seinen Socken oder seiner Unterwäsche verstecken.

❀ ❀ ❀

Am Nikolaustag oder am Valentinstag schenken Sie ihm Ihre schönste Keksdose voller Schokoladenherzen und kleiner Liebesgrüße.

❀ ❀ ❀

Setzen Sie unter der Rubrik »Persönlich« eine Anzeige in die Zeitung. Damit Ihnen kein Außenstehender auf die Schliche kommt, verwenden Sie Ihre Spitz- oder Kosenamen oder Abkürzungen. Schneiden Sie die Anzeige aus, oder markieren Sie sie mit einem Leuchtstift, und lassen Sie die Zeitung irgendwo liegen, wo er sie auf jeden Fall zu Gesicht bekommt. Hier ein paar Beispiele:
– Mister fantastisch – wie wär's mit Samstagabend um sieben?
– Es ist wunderschön mit dir!
– Am Sonntag will ich dich verwöhnen. Ich weiß auch schon, wie.
– Du bist mein Sonnenschein.
– Ich liebe dich, ich liebe dich!

❀ ❀ ❀

Kaufen Sie einen Autoaufkleber, auf dem steht: »Ich liebe meinen Mann (meine Frau).«

❀ ❀ ❀

Noch romantischer wird es, wenn Sie Ihren Brief auf schönem Pergamentpapier schreiben. Rollen Sie es auf, und umwickeln Sie es mit einem schwarzen oder roten Band.

❀ ❀ ❀

Schreiben Sie eine »Glückspost«:

– »Das Schönste am letzten Sonntag war, als du dich zu mir aufs Bett gelegt hast und wir einmal in aller Ruhe miteinander reden konnten. Du hast mich in den Armen gehalten, und ich fühlte mich ganz geborgen.«
– »Je näher ich am Abend unserem Haus komme, desto fester drücke ich aufs Gas. Ich kann es kaum erwarten, dich wieder zu sehen und dir alles zu erzählen, was ich den ganzen Tag über erlebt habe.«
– »Wenn wir zusammen etwas Neues unternehmen, wie damals beim Tanzkurs oder als wir das Seminar über Anlage- und Investmentfragen besucht haben, dann fühle ich mich dir besonders nahe. Wenn wir aus der Kirche oder dem Kino kommen und Hand in Hand über die Straße gehen, dann komme ich mir vor wie ein verliebter Teenager.«

❀ ❀ ❀

Schicken Sie ihm eine Kopie eines alten Liebesbriefs, vielleicht aus den ersten Tagen Ihrer Freundschaft. Sagen Sie ihm, dass Sie heute noch genauso empfinden.

❀ ❀ ❀

Schicken Sie Ihrem Mann einen Gruß an die Arbeitsstelle. Vergessen Sie nicht, auf dem Umschlag ein »Persönlich« oder »Vertraulich« anzubringen. Der Inhalt kann so intim oder zärtlich sein, wie Ihnen gerade zumute ist:

- »Ich wollte dir nur kurz sagen, dass ich den ganzen Tag an dich denke.«
- »Wenn du heute Abend nach Hause kommst, gibt es eine Überraschung. Bis dann!«
- »Ich nehme um acht eine Dusche. Machst du mit?«
- »Du bist mein Ein und Alles.«

❀ ❀ ❀

Haben Sie Angst, dass der kleine Gag, den Sie sich ausgedacht haben, bei seiner Sekretärin womöglich nicht so gut ankommt? Dann schreiben Sie ihm doch in Geheimschrift. Sagen Sie ihm, er solle in seiner Manteltasche nach dem Schlüssel suchen.

Von Jutta: »Ich benutze Fingerfarben und schreibe meine Botschaft damit auf meine Stirn oder den Rücken, auf die Brust oder den Bauch oder auf irgendeinen anderen Körperteil. Wenn er sie nicht findet, dann gebe ich ihm ein paar Tipps. Auf jeden Fall habe ich so seine ungeteilte Aufmerksamkeit!«

❀ ❀ ❀

Besiegeln Sie Ihre Botschaft mit Ihrem leuchtend roten, kussechten Lippenstift. Dann weiß er, dass der Gruß auch wirklich echt ist.

❀ ❀ ❀

Besprühen Sie Ihren Liebesbrief mit seinem Lieblingsparfüm, legen Sie ein kleines Duftkissen bei oder eine Packung Schaumbad. Auch Parfümproben, wie man sie oft in Zeitschriften findet, sind für diesen Zweck geeignet.

❀ ❀ ❀

Schicken Sie Ihrem Liebsten ein Telegramm. Stellen Sie sich vor, wie überrascht er ist, wenn ihm eine freundliche Stimme aus der Telefonzentrale Ihre Nachricht vorliest. Was für ein Spaß! Hier ein paar Anregungen für Klassikliebhaber:

Zweifle an der Sonne Klarheit,
Zweifle an der Sterne Licht,
Zweifl', ob lügen kann die Wahrheit,
Nur an meiner Liebe nicht.

Shakespeare, Hamlet

(An seinem Geburtstag)
Einen Menschen lieben, heißt einwilligen, mit ihm alt zu werden.

Albert Camus

Lass nicht die Stunden in die Nacht entweichen! Mit deinem Leben zünde du der Liebe Flamme an.

Rabindranath Tagore

❀ ❀ ❀

Schreiben Sie Ihr Ehegelöbnis mit Hand ab. Wenn Sie es schon damals selbst geschrieben haben, umso besser. Unterschreiben Sie es von Hand, und setzen Sie noch einen Liebesgruß dazu, wie zum Beispiel: »Ich empfinde heute noch genauso für dich.«

❀ ❀ ❀

Das Schreiben liegt Ihnen nicht? Es gibt auch vorgedruckte Karten, mit denen Sie Ihre Liebe zum Ausdruck bringen können. Gehen Sie in das nächste Schreibwarengeschäft, und schauen Sie sich um. Es gibt heute buchstäblich Tausende von Grußkarten, und Sie werden bestimmt die für Sie passende finden. Gewöhnen Sie es sich an, schöne Karten zu kaufen, wenn Sie welche sehen, auch wenn Sie sie im Moment nicht brauchen. Später sind

Sie froh über Ihren Vorrat. Schicken Sie ihm jeden Tag eine, wenn Sie ihm zeigen wollen, wie sehr Sie ihn lieben, oder vierzig auf einmal, weil er gerade vierzig wird, oder einen Monat lang jede Woche eine – »einfach so«.

2

Geboren, um geliebt zu werden

Lieben und geliebt zu werden ist das Schönste auf der Welt

Romantik kann nicht auf Befehl produziert werden. In dem Augenblick, wo die Liebe nur noch beiläufig zum Ausdruck gebracht wird, wird sie langweilig.

Frederick Lewis Allen, Erst gestern

Howard J. Markman, Direktor des Zentrums für Ehe- und Familienfragen an der Universität in Denver, schreibt, eine Scheidung könne mit 90-prozentiger Genauigkeit vorhergesagt werden, wenn man eine Zeit lang beobachte, wie häufig Ehepartner einander ins Wort fallen, einander kritisieren oder sich gegenseitig herabsetzen und wie gleichgültig sie einander begegnen.

»Liebe ist letztlich nur ein Ausdruck dafür, wie wertvoll ein Mensch für andere ist«, sagt Ralph Waldo Emerson. Der Mensch sehnt sich nach Liebe und Bestätigung. Irgendwie sind wir alle davon abhängig, dass jene, die uns lieben und uns nahe stehen, uns aufmuntern, dass sie uns jene Würde wiedergeben, die Gott uns eigentlich zugedacht hat, und uns aus unserer Mutlosigkeit und gelegentlichen Anfällen von Pessimismus herausholen. Ein freundlicher Klaps auf die Schulter ist oft besser als jede Therapie.

Ich habe eine Freundin, die auch schreibt. Sie sagt: »Wenn mein Mann mir gut zuredet, geht das Schreiben plötzlich noch mal so gut – es geht mir schneller von der Hand, es läuft besser, und ich kann länger dranbleiben.« Eine andere meiner Bekannten ruft ihren Mann im Büro an und sagt: »Hier ist die Vorsitzende des Fritz-Müller-Fanklubs. Ich wollte dir nur sagen: ›Ich liebe dich.‹« Solche impulsiven Gesten stärken das Selbstvertrauen, sie mindern Spannungen und sind Öl fürs Getriebe einer jeden Beziehung. Sind Sie der größte Fan Ihres Partners?

Hier sind ein paar Ideen von Frauen, die es gelernt haben, auch Kleinigkeiten des gemeinsamen Alltags so zu gestalten, dass sie nicht zur Routine werden, sondern eine positive Bedeutung gewinnen:

❀ ❀ ❀

Mein Mann ist Schreiner. Ich selbst sitze in einem bequemen Büro und steuere von dort aus meine Computerfirma. Wir müssen beide hart arbeiten, aber ich verdiene mehr. Er trägt Jeans und karierte Flanellhemden und kommt mit schmutzigen Händen nach Hause. Ich trage oft Seidenblusen und hohe Absätze. Als ich mir die Visitenkarten drucken ließ, hatte ich das Gefühl, er käme sich irgendwie betrogen vor. Wer im Büro arbeitet, wird auch heute noch mehr geachtet als ein Handwerker. Deshalb habe ich mit den beiden Kindern überlegt und ihm zum Vatertag Visitenkarten drucken lassen, auf denen stand: »Der beste Vater, der beste Schreiner, der beste Ehemann, der bestaussehende Mann.« Er hat sich riesig gefreut und die Karten in der nächsten Woche an seine Kollegen und die Bekannten verteilt.

❀ ❀ ❀

Machen Sie Ihrem besten Stück eine Woche lang jeden Tag ein Kompliment. Sagen Sie ihm, welche seiner guten Angewohnheiten oder welchen Charakterzug Sie besonders an ihm schätzen oder worüber Sie sich gefreut haben. Vielleicht hat er Ihnen in der letzten Zeit einen besonderen Gefallen getan, Ihr Auto gesaugt, den Nähkasten repariert oder, als Sie krank waren, täglich Ihre Mutter angerufen. Haben Sie ihm in der letzten Zeit gesagt, wie froh Sie sind, dass er so gut für die Familie sorgt? Ein so toller Liebhaber ist? Dass Sie seinen Sinn für Humor schätzen? Ihm gern zusehen, wenn er im Garten mit den Kindern spielt?

Hier ein paar Vorschläge, wie Sie ihm sagen können, wie sehr Sie all seine Eigenarten schätzen, die Ihre Beziehung so gesund und lebendig halten, aber über die man in der Regel kaum ein Wort verliert:

- Eines der Dinge, die ich an dir am meisten mag, ist ...
- Ich spüre wirklich, wie sehr du mich liebst, wenn du ...
- Ich fand es toll, wie du mit ... umgegangen bist.
- Ich bewundere dich, weil ... (du selten wütend wirst, ich mich auf dich absolut verlassen kann, du so ehrlich, so ordentlich bist, du dir auch über den Glauben Gedanken machst usw.)
- Bei dir fühle ich mich sicher und geborgen.
- Jeder sollte so einen Partner haben, wie du es bist.
- Du hast immer gut für uns gesorgt. Danke, dass du so hart für uns arbeitest.
- Heute habe ich viel an uns denken müssen. Ich bin glücklich mit dir.

❀ ❀ ❀

Schreiben Sie lauter kleine »Dankeschöns«. Falten Sie die Zettel zusammen und legen sie in eine Schachtel. Ihr Mann darf jeden Tag einen ziehen, bis die Schachtel leer ist.

❀ ❀ ❀

Falls Sie ein Tagebuch führen, lesen Sie Ihrem Mann einen Abschnitt vor, in dem zum Ausdruck kommt, wie sehr Sie ihn lieben.

❀ ❀ ❀

Beten Sie im Stillen für Ihren Mann. Wenn Sie mit ihm geschlafen haben und sich ihm besonders nahe fühlen, wenn Sie mitten in der Nacht neben ihm aufwachen oder ihn bei einer schwierigen oder ganz alltäglichen Arbeit beobachten, beim Schneeschippen oder Rasenmähen, dann halten Sie einen kurzen Moment inne und bitten Sie Gott, dass er Ihren Mann segnen möge. Sagen Sie dem Herrn, was Ihr Mann braucht, erzählen Sie ihm von seinen Wünschen und Träumen. Wenn nicht Sie es tun, wer dann? Sagen Sie Ihrem Mann, dass Sie für ihn beten.

❀ ❀ ❀

Setzen Sie sich zu ihm, einfach so, ohne besonderen Grund. Schauen Sie gemeinsam den Amseln zu. Setzen Sie sich in der Dämmerung auf die Terrasse oder den Balkon, und horchen Sie auf die Geräusche der Umgebung. Legen Sie den Kopf auf seine Schulter, oder legen Sie einen Arm um ihn. Friedliche Momente, die man gemeinsam verbringt und ohne Druck von außen, schaffen Raum. Sie bereiten eine Atmosphäre, in der man sich aneinander freuen kann, und öffnen die Tür für gute Gespräche oder die Freude am gemeinsamen Schweigen. Lassen Sie das Telefon ruhig klingeln. Er soll wissen, dass er Ihnen im Moment wichtiger ist als alle Eindringlinge von außen.

❀ ❀ ❀

Berühren, streicheln, umarmen Sie sich! Halten Sie Händchen. Schmusen und kuscheln Sie. Probieren Sie alles Mögliche aus. Erfinden Sie phantasievolle Namen für die verschiedenen Liebkosungen: Bärenhöhle, Rücken an Rücken, Bauchstreicheln, Einwickeln, ... Nehmen Sie ihn ohne besonderen Grund in die Arme, ja, auch mitten in der Küche, und so lange, wie es Ihnen beiden dabei wohl ist. Sagen Sie ihm, wie gern Sie in seinen Armen einschlafen.

❀ ❀ ❀

Schreiben Sie ihm einen »Ich-brauch-dich«-Brief. Werden Sie konkret.

– Ich brauche dich als Begleiter, weil ...
– Ich brauche dich als Mann/als Versorger, weil ...

– Ich brauche dich als Liebhaber, weil ...
– Ich brauche dich als Freund, mit dem ich meine innersten Gedanken besprechen kann, weil ...
– Ich brauche dich als Vater unserer Kinder, weil ...

❀ ❀ ❀

Arrangieren Sie an seinem Geburtstag ein Essen nur für Sie beide. Bringen Sie einen Toast auf Ihren Partner aus. Sprechen Sie es laut aus, welche guten Züge Sie an ihm so mögen. Was bewundern Sie an ihm? Seine Geistesgegenwart? Seinen Charme? Seine Fröhlichkeit, seine Ernsthaftigkeit, seine Schrullen? Was sonst?

Sonderprämie 1: Planen Sie voraus. Bitten Sie seine besten Freunde, eine Lobeshymne auf Ihren Liebsten auf Video aufzunehmen. Nach der Geburtstagsfeier können Sie es sich zu zweit auf dem Teppich vor dem Fernseher gemütlich machen und die Überraschungsshow gemeinsam genießen. Und er bekommt das Gefühl, dass er wirklich »ein toller Kerl« ist. Genau das hatten Sie beabsichtigt.

Sonderprämie 2: Bitten Sie jeden Gast, etwas Positives über das Geburtstagskind zu sagen, was aber nicht länger als zwanzig Worte sein darf.

❀ ❀ ❀

Falls er etwas repariert oder Ihnen einen Gefallen getan hat, um den Sie ihn schon gar nicht mehr bitten wollten, lassen Sie hier und da ein paar kleine Grüße liegen:

– (am Kühlschrank): Danke, dass du ... dich um das Abendessen gekümmert hast. Ich war so wütend, als die Kinder mit der streunenden Katze ankamen, dass ich an nichts anderes mehr denken konnte. Du hast mich genau im richtigen Moment wieder auf den Teppich gebracht.
– (am Steuer seines Wagens): Danke, dass du die Reifen hast auswuchten lassen. Ich hatte mich schon gewundert, warum das Steuerrad so flatterte.

– (am Rasenmäher): Danke, dass du dich drei Stunden im Garten abgequält hast, um das Gestrüpp neben der Hecke abzuschneiden. Jetzt sieht es viel, viel besser aus.

❀ ❀ ❀

Besorgen Sie sich im Schreibwarengeschäft eine Urkunde für Ihren »Held«. Wenn es Ihnen Spaß macht, kaufen Sie sich Feder und Tusche, und lernen Sie Kalligraphie, um ein Kunstwerk daraus zu machen. Sie können zum Beispiel schreiben:

Urkunde für eine gute Tat

Bestätigung

Der Genannte erhält die »Auszeichnung für gute Haushaltsführung« für:

– seine Umsicht bei der Pflege, als ich mir das Bein gebrochen hatte,
– seinen Mut, weil er mich und die Kinder in den Arm genommen hat, obwohl wir alle erkältet waren und er nicht,
– seine Geduld. Er hat nicht gejammert, obwohl mein Bruder unsere Gastfreundschaft eindeutig zu lang in Anspruch genommen hat,
– seine Phantasie und sein Einfühlungsvermögen im Bett letzte Nacht,
– seine gute Haushaltsführung im vergangenen Monat, als ich zu meiner kranken Mutter nach Hamburg musste.

❀ ❀ ❀

Ihr Mann ist so gewöhnlich, dass er nie irgendwo einen Preis gewinnen würde? Sie haben die Möglichkeit, aus dem alltäglichsten Anlass etwas Besonderes zu machen. Sie brauchen nichts weiter zu tun, als in einem Laden für Pokale und Medaillen eine Trophäe zu kaufen und als Preis für den »besten … des Jahres« zu verleihen. Das kann irgendetwas sein – der beste

Linkshänder beim Tennis- oder Gitarrespielen, der beste Heimwerker, der beste Tanzpartner ... Lassen Sie sich etwas einfallen.

❀ ❀ ❀

Heben Sie sein Selbstwertgefühl, indem Sie ein Schild an der Eingangstür anbringen, auf dem steht:
– »Hier wohnt der beste Vater der Welt!«
– »Hier lebt ein großer Fußballspieler!«
– »Wir wussten, dass du es schaffst!«
– »Willkommen zu Hause, Hans!«

❀ ❀ ❀

Schreiben Sie Ihre Botschaft mit Kreide auf die Einfahrt vor Ihrem Haus.

❀ ❀ ❀

Von bleibendem Wert: Wenn irgendwo ein neuer Zementboden eingezogen wird – im Keller, auf der Terrasse oder der Einfahrt –, dann stellen Sie sich nebeneinander in den noch feuchten Zement, und hinterlassen Sie »ihre und seine« Fußabdrücke.

❀ ❀ ❀

Ihr Partner kann regelmäßig ein paar positive Begegnungen mit sich selbst haben, wenn Sie bestimmte Dinge nach ihm nennen. Die Ferienwohnung kann »Norberts Hütte« heißen, das Boot die »Hans Meier«, der geliebte Schäferhund, der schon fast ein Familienmitglied ist, kann »Hans junior« genannt werden. Eine Frau erzählte, sie habe an einem Kochwettbewerb mit einem Rezept teilgenommen, das nach ihrem Mann benannt war: Walnussplätzchen nach Walters Art.

❀ ❀ ❀

Wenn Sie sich schon siebzehn Jahre daran freuen, die Frau von Hans Hansen zu sein, dann sagen Sie ihm das! Sagen Sie ihm, wie stolz Sie darauf sind, dass er genau Sie vor allen anderen dazu auserwählt hat, seinen Namen zu tragen. Dafür haben Sie den Ihren gerne aufgegeben, nicht wahr?

❀ ❀ ❀

Die Tatsache, dass Sie die Karten und Notizen, die er Ihnen im Laufe der Jahre geschickt hat, aufbewahren, zeigt ihm, wie sehr Sie seine Aufmerksamkeiten schätzen. Legen Sie sie als Lesezeichen in die Familienbibel, sammeln Sie sie in einem Schuhkarton, oder legen Sie ein Album an, in dem Sie später gemeinsam blättern können. Geben Sie ihm hin und wieder eine, die für Sie eine ganz besondere Bedeutung hatte, als Geschenk zurück. Sagen Sie ihm, dass Sie das tun, weil Sie seine Worte damals besonders geschätzt haben.

❀ ❀ ❀

Legen Sie sich ein kleines »Liebesalbum« an, in das Sie schreiben können, warum er etwas ganz Besonderes ist: »Alice liebt Norbert, weil ...« Nach einer Weile werden Sie ein ganzes Buch voller Komplimente haben. Ob ihn das nicht auch freut? Verpacken Sie es in einer herzförmigen Schachtel, und schicken Sie es ihm an seinem Geburtstag oder an einem anderen Tag, der für Sie beide von Bedeutung ist. Falls er oft dienstlich unterwegs ist, können Sie vielleicht mit seiner Sekretärin ausmachen, dass ihm Ihr Geschenk vorab ins Hotel geschickt wird. Ihre zärtlichen Worte werden ihn dort besonders bewegen.

❀ ❀ ❀

Hat Ihr Partner einen Spitznamen? Wenn er Ihr Häschen ist, dann können Sie einen Hasenstempel und ein Stempelkissen besorgen und Notizzettel oder Einkaufslisten damit versehen.

Oder ist er eher wie ein kuscheliger Teddybär? Es gibt Bärenbecher, Bärenkarten und sogar Bärenunterwäsche.

❀ ❀ ❀

Legen Sie ein Fotoalbum an, und schreiben Sie neben die Bilder, die ihn am meisten interessieren werden, ein paar aufmunternde Bemerkungen:

– Der perfekte Taucher!
– Bei Kurt und Telly Savalas sieht auch ein kahler Kopf schön aus.
– Kurt wird vierzig. Jetzt kommt er in die besten Jahre!
– 1989, kurz vor Jennys Geburt. Kurt, wie er mich das einundzwanzigste Mal zum Arzt fährt. Klasse gemacht, Kurt!

❀ ❀ ❀

Geben Sie dem Mann Ihres Lebens einen besonderen Platz. Stellen Sie sein Foto im Büro auf Ihren Schreibtisch, sodass alle es sehen können. Erzählen Sie ihm davon. Es tut ihm gut zu wissen, dass Sie tagsüber an ihn denken. Und falls er Sie an Ihrem Arbeitsplatz besucht, kann er selbst sehen, wie stolz Sie auf den Mann sind, den Sie geheiratet haben.

❀ ❀ ❀

Tippen Sie alle Komplimente und Mut machenden Worte auf eine kleine Rollkartei für seinen Schreibtisch oder auf kleine Karteikarten. Kaufen Sie einen Karteikasten in seiner Lieblingsfarbe, oder schreiben Sie seinen Namen darauf. Fordern Sie ihn auf, jeden Tag eine der Karten zu lesen und eine zweite, wenn er gerade down ist oder Schwierigkeiten hat.

❀ ❀ ❀

Er spürt, wie gern Sie ihn haben, wenn Sie gemeinsame Erinnerungsstücke an einem besonderen Ort aufbewahren, vielleicht in einer beklebten Schachtel, einem Album oder einer speziell dafür reservierten Schublade. Hier sammeln Sie kostbare Fotos, Zeitungsausschnitte, Urkunden und Preise und andere Dinge, an denen Sie hängen.

❀ ❀ ❀

Gefühle zu zeigen kann nie schaden! Schauen Sie ihn ohne besonderen Grund an. Sehen Sie ihm direkt in die Augen, und halten Sie seinem Blick stand. Sagen Sie ihm, wie sehr Sie ihn lieben. Menschen, die es seit Jahren gewohnt sind, ihre Gefühle für sich zu behalten, fällt das nicht leicht. Vielleicht wird Ihnen feucht um die Augen, aber sagen Sie ihm trotzdem, warum Sie ihn für toll halten. Lassen Sie ihn wissen, dass Sie ihn brauchen und warum.

❀ ❀ ❀

Reden Sie positiv über seine Herkunft, seine Kindheit, seine Erziehung, obwohl sie vielleicht ganz anders waren als Ihre. Sprechen Sie so gut von seiner Familie, wie Sie können. Erkundigen Sie sich bei Onkeln, Tanten, Kusins und Kusinen nach seinen Lieblingsgerichten, und stellen Sie ein Familienkochbuch zusammen. Wenn seine Eltern aus Polen stammen, lernen Sie Polka. Probieren Sie neue Spagettisoßen aus, wenn er aus Italien kommt. Vergessen Sie die Kalorien. Es geht um Ihre Ehe!

❀ ❀ ❀

Vielleicht sind Sie schon lange aus dem Traum vom Aschenputtel, das von seinem Prinzen wachgeküßt wird, aufgewacht, aber Sie können sich Ihre Liebe trotzdem immer wieder neu bestätigen, indem Sie zum Beispiel Ihr Ehegelöbnis nach zehn, fünfundzwanzig oder fünfzig Jahren wiederholen. Solche Gedenktage sind wichtig und zeigen dem anderen, wie sehr Ihnen an Ihrer Beziehung liegt. Sprechen Sie mit Ihrem Pfarrer, wie Sie eine kleine Feier gestalten können, oder lesen Sie daheim im Wohnzimmer in aller Stille die Worte Ihres Trauspruchs. Manche Reiseveranstalter führen auch spezielle Angebote, vor allem Schiffsreisen, im Programm, die von einem Geistlichen begleitet werden und auf denen man das Ehegelöbnis wiederholen kann. Fragen Sie in Ihrem Reisebüro.

❀ ❀ ❀

Versuchen Sie, beim Aufstehen so nett zu Ihrem Mann zu sein, wie Sie es zu einem Gast wären. Wie wäre es, wenn Sie ihn freundlich fragen: »Wie hast du geschlafen, Schatz?«, wenn er noch halb verschlafen zum Badezimmer trottet? Oder: »Wie geht's dir heute Morgen?«, »Heute wird ein schöner Tag«, oder: »Schön, dass ich noch gemeinsam mit dir Kaffee trinken kann.« Ein freundliches Wort am Morgen und eine positive Einstellung können für den ganzen Tag bestimmend sein.

❀ ❀ ❀

Es ist nie falsch, die Einzigartigkeit des Partners, seine Eigenarten und Vorlieben zu achten und zu respektieren. Mag er weiße Hemden? Bücher von Graham Greene? Seine Ruhe? Bibelverse aus dem Epheserbrief? Klaviermusik von Beethoven? Autozeitschriften? Chinesisches Essen? Streicht er wichtige Stellen in seinen Büchern gern mit Leuchtmarker an, dann kaufen Sie eine neue Packung, und legen Sie sie in seine Schreibtischschublade. Interessiert er sich für Briefmarken? Dann bringen Sie das nächste Mal von der Post die neue Serie mit.

Eine Frau, deren Mann gern im Garten arbeitet, schrieb an eine alte Verwandte und bat sie um ein Tütchen mit dem »alten Moschusmelonensamen, den man nirgends mehr kaufen kann«. Vielleicht mag Ihr Mann Nugat oder echte Schweizer Schokolade. Verstecken Sie doch einen Riegel oder eine ganze Tafel in seiner Frühstücksdose. Falls Sie wissen, was er gerne mag, besorgen Sie es ihm, wenn Sie die Vorratskammer auffüllen. Auch wenn Sie ihm Bücher aus der Bibliothek oder Videos aus dem Verleih holen, spürt er, dass Sie ihn mögen, so wie er ist.

❀ ❀ ❀

Schneiden Sie interessante Artikel aus der Zeitung aus, oder markieren Sie sie, damit sie ihm nicht entgehen.

❀ ❀ ❀

Backen Sie am Freitag Pizza oder irgendein anderes seiner Lieblingsgerichte.

❀ ❀ ❀

Kaufen Sie Margarine, wenn er meint, Butter habe zu viele Kalorien.

❀ ❀ ❀

Gegensätze ziehen sich an. Haben Sie ihm schon gesagt, dass Sie ihn trotzdem gern haben, auch wenn er sich mitten in Ihren Ferien einen ganzen Tag lang im Büro vergräbt oder mit seinem besten Freund eine Radtour unternimmt?

❀ ❀ ❀

Wenn er nicht mit Ihnen den Gottesdienst besuchen will, dann akzeptieren Sie das ohne große Kommentare. Erinnern Sie sich so oft wie möglich daran, dass wir nicht für den Glauben des anderen verantwortlich sind, sondern nur für unseren eigenen.

Liebe ist geduldig und freundlich.

1. Korinther 13,4 Hfa

Ist Ihr Partner traurig oder enttäuscht, bekümmert oder wütend, und möchte er mit Ihnen darüber reden, dann nehmen Sie ihn ernst, und hören Sie ihm zu, ohne zu kritisieren. Jeder hat ein Recht darauf, bestimmte Gefühle zu haben. Haben Sie es schon einmal mit den Worten versucht: »Ich verstehe dich«? Der Psychologe C. Menninger schreibt: »Die Liebe kann Menschen gesund machen, und zwar jene, die sie schenken, ebenso wie jene, die sie empfangen.« Sie können Ihrem Partner helfen, indem Sie sagen:

– »Ich wünschte, ich könnte dir die Sorgen wegstreicheln.«
– »Wie kann ich dir helfen?«
– »Was könnte ich tun, damit es dir wieder besser geht?«
– »Gibt es etwas, wofür ich beten kann?«

❀ ❀ ❀

Interessieren Sie sich für die Dinge, die ihn interessieren. Stecken Sie ab und zu den Kopf in seine Werkstatt, sein Atelier oder seinen Hobbyraum, und fragen Sie: »Was machst du da gerade?«, oder sagen Sie: »Die Buchstützen, die du da machst, würden dir im Kunstgewerbeladen bestimmt fünfundsiebzig Mark bringen.« Fangen Sie an, Bierdeckel für ihn zu sammeln oder CDs mit klassischer Musik oder Orchideen. Vielleicht können Sie ein Autogramm von seinem Lieblingsautor ergattern, der in der Buchhandlung in der Stadt aus seinem neuesten Buch liest. Helfen Sie ihm bei der Suche nach alten Uhren oder Eisenbahnpostern, Kameraobjektiven oder alten Schallplatten. Mag er scharfe Gewürze? Vielleicht entdecken Sie im Antiquariat ein Kochbuch mit Curryrezepten.

❀ ❀ ❀

An manchen Tagen ist Ihr Partner müde oder mit den Nerven am Ende, dann ist es an Ihnen, ihm Mut zu machen und ihn aufzumuntern. Vielleicht hat er das Gefühl, er müsse ständig auf Hochtouren laufen, damit das neue Geschäft endlich in Gang kommt, oder die Fälle, die er am Gericht zu verhandeln hat, zehren an seinen Nerven, oder vielleicht hat er seine Arbeit verloren. Fällt es ihm schwer abzunehmen, obwohl der Arzt es ihm dringend empfohlen hat? Soll er das erste Mal im Gemeindechor ein Solo singen? Wie wär's, wenn Sie ihm ein: »Ich glaube an dich«, oder: »Ich stehe zu dir«, zuflüstern, bevor er das Haus verlässt, oder ihm eine Kusshand nachwerfen? Dann merkt er: »Sie hält wirklich zu mir, mag kommen, was will.«

❀ ❀ ❀

Was Sie sagen können, um ihm Mut zu machen:

- »Das gelingt dir immer besser.«
- »Es ist nie so schlimm, wie es aussieht.«
- »Am Morgen wird Freude sein.«
- »Das Schönste kommt noch.«
- »Ich freue mich, wenn du ...«
- »Deine Art und deine langjährige Computererfahrung werden dir bestimmt helfen, eine neue Stelle zu finden.«
- »Ich denke an dich, wenn du das Bewerbungsgespräch für die neue Stelle hast.«
- »Du hast wirklich ein Talent, dir neue Rezepte auszudenken. Du solltest ein Kochbuch schreiben.«
- »Ich bin stolz auf dich, wenn ...«

Die Liebe erträgt alles, sie glaubt alles,
sie hofft alles und hält allem stand.

1. Korinther 13,7 Hfa

Alle sagten sie, er sei ein Spinner. Niemand glaubte, dass aus ihm je etwas werden würde, niemand außer seiner Frau. Alle lachten sie, weil er stundenlang in seiner Werkstatt herumbastelte. Oft, nach einem zehnstündigen Arbeitstag, an dem er bei der Elektrogesellschaft doch nur elf Dollar verdient hatte, kam er nach Hause und war so damit beschäftigt, seinen Gedanken eine konkrete Gestalt zu geben, dass er bis in die frühen Morgenstunden nicht davon loskam. Seine Frau war so überzeugt davon, dass seine Maschine irgendwann funktionieren würde, dass sie drei Jahre lang Nacht für Nacht die Öllaterne für ihn hielt, damit er seinen verrückten Apparat mit Drähten, Muttern und Bolzen zusammenbauen konnte, oft in eisiger Kälte. Henry Ford war knapp dreißig Jahre alt, als der erste nicht von Pferden gezogene Wagen aus seiner Garage fuhr, zum großen Erstaunen seiner Nachbarschaft. Wer hat wohl neben ihm gesessen?

❀ ❀ ❀

Hat das Leben Ihnen und Ihrem Partner in der letzten Zeit übel mitgespielt? Lassen Sie andere teure Reisen auf die ferne Insel buchen, um dort auszuspannen. Einfallsreiche Menschen wie Sie haben bessere Ideen. Malen Sie ein Poster, und laden Sie Ihren abgearbeiteten Schatz zu einem Samstag oder Sonntag voller Spaß und Spiele ein. Blättern Sie die Wochenendausgabe Ihrer Zeitung durch. Vielleicht finden Sie dort genau das Richtige für Sie beide. Oder vielleicht haben Sie selbst noch bessere Ideen? Schreiben Sie eine ganze Liste, und lassen Sie ihn ankreuzen, was er am liebsten machen möchte. Wählen Sie eine oder zwei der Aktivitäten aus. Es ist erstaunlich, was alles angeboten wird, wenn wir uns nur ein wenig umsehen. Wir haben zum Beispiel Folgendes gefunden:

- Die Jahrestagung der Kahlköpfigen. (Ihr Motto lautet: »Kahl ist schön. Haut ist nicht out.«)
- Die Wahl der Zwiebelkönigin.
- Das Wassermelonen-Fest. Es gibt auch Wettbewerbe im Kirschkernspucken.

❀ ❀ ❀

Andere Vorschläge:

- Einen Tag lang nur schmusen, knutschen, reden, kuscheln und Otis Redding CDs anhören, vor allem »Sitting on the Dock of the Bay«, weil es Sie an Ihre Flitterwochen auf Mallorca erinnert.
- Lesen Sie einander Liebesgedichte vor.
- Planen Sie ein besinnliches Wochenende, an dem Sie miteinander in der Bibel lesen, Anbetungslieder anhören, sich Zeit nehmen, um über Dinge zu beten, die Ihnen beiden wichtig sind, oder sich gemeinsam Gedanken über die Zukunft machen. (Vielleicht kann Ihnen Ihr Gemeindeleiter ein paar Tipps geben.)
- Fahren Sie zusammen durch die Gegend und sehen Sie sich neue Häuser an.
- Planen Sie den Frühjahrsputz gemeinsam.
- Besuchen Sie zusammen einen Fabrikverkauf.
- Verabreden Sie sich bei McDonalds und essen Sie so viele Hamburger und Pommes frites, wie Sie mögen.
- Gehen Sie zusammen auf den Rummelplatz, fahren Sie Achterbahn und essen Sie Zuckerwatte, Bratwurst oder all die anderen zahnschädigenden Köstlichkeiten.
- Schlagen Sie in Kapitel 8 nach, welche lustigen – und preiswerten – Möglichkeiten es sonst noch gibt.

❀ ❀ ❀

Wenn Ihr Partner etwas verkehrt gemacht hat oder aus irgendeinem Grund niedergeschlagen ist, dann erinnern Sie ihn daran, dass Sie ihn nicht wegen dem lieben, was er tut, sondern wegen dem, was er ist. Lesen Sie zusammen Römer 8 oder Epheser 3,17-21.

❀ ❀ ❀

Jemand hat einmal gesagt, Liebe sei das einzige Gefühl, bei dem es um das Glück eines anderen Menschen gehe. Schreiben Sie ein paar der Wünsche und Ziele auf, die Ihr Partner im Gespräch immer wieder einmal beiläufig geäußert hat. Hätte er gern genug Geld, um sich einen teuren Rassehund zu kaufen (auch wenn Sie Hunde nicht mögen) oder die tollen Reifen für sein Auto? Möchte er das Auto neu spritzen lassen, obwohl es schon sieben Jahre alt ist? Einen Englischkurs besuchen? Mit Ihnen zum Camping gehen? Überraschen Sie ihn damit, dass Sie immer wieder einmal die Liste hervorholen. Überlegen Sie gemeinsam mit ihm, was Sie beide tun können, damit wenigstens einer seiner Träume in den nächsten Wochen, Monaten oder Jahren Wirklichkeit werden kann. Das ist, als wenn Sie zu ihm sagen: »Deine Träume und Wünsche sind auch für mich wichtig.«

❀ ❀ ❀

Wann sind Sie erwachsen geworden? Als Sie die erste Hypothek für das Haus aufgenommen haben? Als das erste Kind auf die Welt kam? Nein. Es war, als Sie gelernt haben, die Ansprüche, die das Leben an Sie stellt, mit Ihrer »kindlichen« Seite in Einklang zu bringen. Aber heute dürfen Sie das alles einmal vergessen. Schieben Sie das Spielzeug und die Trainingsanzüge der Kinder vom Tisch in der Garage, und liefern Sie sich ein Tischtennismatch. Holen Sie den Fußball hervor, und fangen Sie an zu kicken. Fahren Sie am Morgen früh zum Schwimmbad, noch vor dem ersten Ansturm, und genießen Sie das Plantschen. Spielen Sie Fangen. Werfen Sie den Ball übers Garagendach wie damals, als Sie noch jung waren. Mit dem anderen spielen und fröhlich sein ist nur eine andere Art, ihm zu sagen: »Ich bin gern mit dir zusammen.«

❀ ❀ ❀

Albern Sie miteinander herum. Fachleute sagen, Lachen verbindet und heilt Beziehungen und sogar Krankheiten. Freundliche Neckereien, Kitzeln, lautes Losprusten über alberne Witze, lustige Wortspiele oder dumme Bemerkungen baut Spannungen ab und stärkt das Zusammengehörigkeitsgefühl.

❀ ❀ ❀

Lachen Sie über seine Witze, obwohl Sie sie schon tausendmal gehört haben.

❀ ❀ ❀

Es macht nichts, wenn er hört, wie Sie für ihn beten oder Gott dafür danken, dass er ihn in Ihr Leben geführt hat.

❀ ❀ ❀

Ruhige Menschen verdienen besondere Aufmerksamkeit. Stellen Sie ihn den anderen Gästen bei einer Veranstaltung mit einem Lächeln oder einer Bemerkung vor, die Ihren Stolz verrät. Achten Sie darauf, dass er nicht übersehen wird. Brechen Sie das Eis, indem Sie den anderen von ihm erzählen, und ziehen Sie ihn mit ins Gespräch, damit er nicht das Gefühl bekommt, er würde ausgeschlossen oder Sie hätten ihn vergessen.

❀ ❀ ❀

Falls ihm vor anderen aus irgendeinem Anlass die Tränen kommen, übernehmen Sie für ihn das Gespräch. Die meisten Männer meinen, Tränen seien ein Zeichen der Schwäche, auch wenn wir Frauen es besser wissen und froh sind über sein weiches Herz. Zeigen Sie ihm, dass Sie ihn verstehen.

❀ ❀ ❀

Ein Familientherapeut schreibt: »Ehepartner merken oft gar nicht, wie sehr sie dem anderen bei der Ausübung seiner eigenen Interessen im Wege stehen.« Es ist von großer Bedeutung, dass jeder ein Stück weit seinen eigenen Lebensbereich behält. Machen Sie ihm Mut, den Kontakt zu ein paar guten Freunden aufrechtzuerhalten und seine Hobbys weiter zu pflegen. Gibt es ein größeres Geschenk, als dass man einander genug Freiraum gibt, um etwas allein und ohne den anderen zu unternehmen? Mit ein paar alten Freunden Skat zu spielen, einen Skikurs zu besuchen oder ohne schlechtes Gewissen in einer Theatergruppe mitzumachen? Sein Wochenende mit den alten Studienkollegen wäre außerdem bestimmt nur halb so lustig, wenn Sie mit dabei wären. Ein verständnisvoller Ehepartner ist bei solchen Gelegenheiten Gold wert. Machen Sie ihm deshalb Mut, etwas ohne Sie zu unternehmen. Sie sagen damit: »Ich vertraue dir. Ich weiß, dass wir verschieden sind, und gerade das mag ich. Ich möchte, dass du glücklich bist.« Und Sie helfen ihm, verantwortungsbewusst zu leben.

❀ ❀ ❀

Wichtig ist auch, dass wir den anderen in seinem Wesen bestätigen und es lernen, ihm zu vergeben. Das lässt sich einüben.

Die bekannte amerikanische Schriftstellerin Karen Burton Mains schreibt: »Wie schrecklich, wenn man nicht geliebt wird. Ich hatte schon oft das Gefühl, ich könnte meinen Mann nicht mehr lieben. Aber mitten in dieser entsetzlichen Leere entdeckte ich auf einmal, dass Liebe sich erneuern kann. Es ist eine Frage des Willens.

Unzählige Male habe ich beschlossen, trotzdem zu lieben, obwohl ich allen Grund hatte, mich zurückzuziehen oder nicht um meinen Partner zu kümmern. Ich bin schon oft auf die Knie gegangen und habe den Gott der Liebe gebeten, mich mit genug Liebe für meinen so menschlichen Mann zu füllen. Wenn ich meine Rechte im Gebet losgelassen habe, wenn ich meinem Mann seine Rücksichtslosigkeit oder sein Unverständnis vergeben habe, wenn ich mich vor allem auf seine guten Seiten konzentriert und den Herrn um seine Kraft gebeten habe, dann konnte ich auch wieder lieben.

Wenn ich so ein Stück von Gott in das Leben meines Mannes hineinbringe, dann werde ich davon befreit, mich nur als Chauffeur für die Familie, als Verwalter, als Computer, als Staubsaugerschieber und Wäschesortierer zu sehen. Ich bin geheiligt.«

3

Zeit für Gefühle

Wie man sentimental werden und es auch noch genießen kann

Wenn du geliebt werden willst,
liebe und sei liebenswürdig.

Benjamin Franklin, Der arme Richard

Romantiker vor! Her mit den kitschigen Gefühlen!

Sie brauchen gar nicht die Augen zu verdrehen. Zwei brennende Herzen, nachdem Sie schon so lange zusammenleben? Ja, warum nicht? Und wir wollen die Männer nicht ausschließen, wenn es um zärtliche Gefühle geht.

Jeder hat seine eigenen romantischen Vorstellungen, obwohl der Alltag in den meisten Fällen nicht mithalten kann. Wie oft hat das romantische Verzücken, wie es die großen Dichter oder Romanschriftsteller beschreiben, mit unserer eigenen Welt nicht das Entfernteste zu tun. Doch auch in unserer Zeit der grellen Kinofilme und seichten Illustrierten ist Zärtlichkeit noch längst nicht aus der Mode gekommen. Zwei Herzen, die im Gleichklang schlagen, sind für jede gesunde Beziehung unabdingbar.

Eine bekannte Therapeutin, deren besonderes Interesse den Problemen gilt, mit denen hochmotivierte Doppelverdienerpaare zu kämpfen haben, vertritt mit Nachdruck die These, dass es für den Erhalt einer Ehe wichtig sei, eine bestimmte Zeit für Zärtlichkeiten freizuhalten. Sie behauptet, echte und von Herzen kommende Gefühle seien die Kraft, die ein Paar davor bewahrt, zu gefühllosen Robotern zu werden.

Kleine gefühlsbetonte Gesten schaffen Verbindung. Einige der folgenden Vorschläge klingen vielleicht ein wenig altmodisch, andere sind eher modern. Alle aber sollen sie dazu dienen, die so herrlich komplizierten und oft verborgenen Gefühle freizusetzen, die wir in uns hegen, oft aber gerade den Menschen, die uns am liebsten sind, nicht zu zeigen wagen.

❀ ❀ ❀

Stecken Sie das Bild Ihres Liebsten in ihre Brieftasche, so tragen Sie es immer und überall mit sich. Oder lassen Sie einen Schnappschuss von Ihnen beiden machen. Bewundern Sie das Foto, wenn er in der Nähe ist, und zeigen Sie es auch anderen.

❀ ❀ ❀

Lassen Sie Ihre Heiratsurkunde kopieren, und suchen Sie den kostbarsten Rahmen, den Sie finden können (in Antiquitätenläden kann man manchmal die schönsten Exemplare zu erstaunlich günstigen Preisen entdecken). Hängen Sie das Bild an einer Stelle auf, an der es deutlich sichtbar ist. Sagen Sie ihm, wie stolz Sie darauf sind, mit ihm verheiratet zu sein. Suchen Sie eine der Hochzeitseinladungen hervor, und stecken Sie sie daneben. Später lassen Sie noch einen Abzug des Hochzeitsfotos und einiger Aufnahmen von früher machen und stecken sie dazu.

❀ ❀ ❀

Jeder weiß, dass das Leben nicht nur Höhen, sondern auch Tiefen hat. Stellen Sie Fotos von Ihren schönsten und schwierigsten Zeiten in einem Album zusammen, und überreichen Sie es ihm als ein Überraschungsgeschenk zum Geburtstag. Menschen, die zusammen Schwierigkeiten gemeistert haben, können von einer Menge positiver Erfahrungen berichten.

❀ ❀ ❀

Wünschen Sie sich manchmal, die romantischen Szenen, die man aus Kinofilmen kennt, wären auch in Ihrem Leben Wirklichkeit? Dann sagen Sie ihm doch, Sie würden gern Händchen haltend mit ihm durch den Regen laufen oder ihn bei Sonnenuntergang am Strand küssen oder bei Ihrer Silberhochzeit vor allen Gästen mit ihm Walzer tanzen. Vielleicht kennt er auch solche Tagträume, hat sich aber bislang nicht getraut, mit Ihnen darüber zu reden.

❀ ❀ ❀

Legen Sie eine »Ehe-Erinnerungstafel« an. Kaufen Sie eine Pinnwand, und bringen Sie alte Fotos, schöne Postkarten, Eintrittskarten von Konzerten oder Filmen, Zeitungsausschnitte, lang vergessene Speisekarten, getrocknete Blumen, Briefauszüge, die Ihnen beiden wichtig waren, die Nachricht über die Beförderung, Geburtsanzeigen und andere Dinge, die Ihnen lieb sind, daran an. Vielleicht hat auch Ihr Partner einen Gruß oder eine Notiz von Ihnen, die er bislang für sich aufbewahrt hat und nun gern zu Ihrer Ehewand beiträgt. Jedes dieser Stücke ruft Erinnerungen wach, die nur Sie und Ihr Partner kennen, und schafft dadurch ein Gefühl der Nähe und Vertrautheit.

❀ ❀ ❀

Denken Sie noch gern an den Urlaub in Spanien zurück? Dann spielen Sie doch Spanien zu Hause. Legen Sie die passende Musik auf, stecken Sie sich eine Blume ins Haar, kochen Sie Paella, und schauen Sie sich das Urlaubsvideo an. Fordern Sie Ihren Liebsten auf, sich aus dem Sessel zu bequemen und mit Ihnen im Flamencotakt zu wiegen wie damals am Strand.

❀ ❀ ❀

Hängen Sie einen Kalender auf, auf dem Sie die schönen Zeiten notieren. Tragen Sie besonders schöne Ereignisse ein, an die Sie sich gern erinnern. Wie war's, als Sie damals das Traumwochenende in dem zauberhaften Hotel gebucht hatten? Haben Sie das Datum notiert? Oder die erste Liebesnacht in der neuen Wohnung? Wissen Sie noch, wie Sie tagelang darüber gelacht haben, dass Sie sich hinter der Tür versteckten, weil ein ärgerlicher Nachbar ans Fenster geklopft hatte? Nur Sie beide wissen, was sich hinter den Einträgen auf Ihrem Kalender verbirgt und welche romantischen, lustigen oder albernen Erinnerungen damit verbunden sind.

❀ ❀ ❀

An ihrem fünfzehnten Hochzeitstag schickte Linda ihrem »tollen Kerl« Abzüge der Hochzeitsfotos ins Büro. Horst erzählte ihr später, er habe die Bürotür zugemacht und in der Mittagspause in Erinnerungen geschwelgt.

❀ ❀ ❀

Falls er Sie fragt, was Sie sich zum Geburtstag oder zum Namenstag wünschen, bitten Sie ihn um ein Foto von ihm, weil Sie sich tagsüber so oft nach ihm sehnen. Das Foto hängen Sie natürlich über Ihren eigenen Arbeitsplatz.

❀ ❀ ❀

Kaufen Sie einen schönen Doppelrahmen, den man zusammenklappen kann. Auf die eine Seite kommt ein Foto von Ihnen, für das Sie sich extra zurechtgemacht haben, auf die andere natürlich ein Bild von ihm. Stellen Sie den Rahmen gut sichtbar auf, sodass er ihn gleich sieht, wenn er zur Tür hereinkommt. Sicher freut er sich auch über eine handgeschriebene Karte, auf der steht: »Erst durch dich ist mein Leben vollkommen.«

❀ ❀ ❀

Lassen Sie eines seiner Lieblingsfotos, auf dem er als kleines Kind mit seinen Eltern abgebildet ist, vergrößern, und hängen Sie es an die Familienwand. Wenn Gäste kommen, weisen Sie sie stolz darauf hin, was für ein hübsches Baby er war und dass Ihr Kind genauso aussieht wie er.

❀ ❀ ❀

Lassen Sie von der Gegend, in der Sie die ersten Ehejahre gelebt haben, eine Luftaufnahme machen oder vom Bauernhof seiner Großeltern, auf dem er immer die Ferien verbrachte, von seinem Heimatort oder irgendeinem anderen Ort, der für ihn bedeutungsvoll ist. Hängen Sie dieses Bild im Wohnzimmer oder im Esszimmer auf. Notieren Sie auf einem Zettel, welche Bedeutung mit dem Bild verknüpft ist, und kleben Sie ihn auf die Rückseite, sodass auch Ihre Enkel einmal wissen, was es mit der Aufnahme auf sich hat.

Von Martina: »Wir haben mein Schwangerschaftstagebuch hervorgekramt, das nun auch schon zehn Jahre alt ist, und gemeinsam darin gelesen. Ich hatte jeden Morgen ein paar Gedanken aufgeschrieben, zum Beispiel wie glücklich ich über dieses neue Leben war, das da in mir heranwuchs, meine Träume und Pläne für uns und unser Kind. Ich schrieb über das ganz neue Zusammengehörigkeitsgefühl, das wir empfanden, wenn wir gemeinsam auf den Herzschlag des Babys hörten oder zusahen, wie es in meinem Bauch herumstrampelte. Er sagte, das habe er alles gar nicht gewusst.«

❀ ❀ ❀

Können Sie sich noch an die Zeit erinnern, als Sie nur noch Augen hatten füreinander und für nichts sonst? Rufen Sie sich in Erinnerung, was Sie damals, ganz am Anfang, an ihm besonders angezogen hat, und sagen Sie es ihm. Waren es seine grünen Augen? Das ansteckende Lachen? Das feste, entschlossene Kinn? Seine Umsicht? Inzwischen sind einige Jahre vergangen. Aber wenn Sie versuchen, sich diese Dinge wach zu halten, und es ihm auch sagen, wird Ihre Liebe gefestigt.

❀ ❀ ❀

Lassen Sie besonders wertvolle Zeiten wieder aufleben, indem Sie an die entsprechenden Orte zurückkehren. Suchen Sie den Ort auf, an dem er Sie gefragt hat, ob Sie ihn heiraten wollen. Tun Sie etwas, was Sie auch damals gemeinsam unternommen haben. Tragen Sie das Kleid, das Sie damals getragen haben – oder ein ähnliches. Sagen Sie sich dieselben Dinge, die Sie sich damals gesagt haben. Bitten Sie ihn, Ihnen den Ring noch einmal anzustecken. Holen Sie tief Luft, und geben Sie ihm einen Kuss voller Versprechungen. Staunen Sie gemeinsam darüber, wie Sie sich begegnet sind und dass Sie es tatsächlich geschafft haben – trotz aller Schwierigkeiten, die es damals für Sie gab.

❀ ❀ ❀

Kleben Sie ein »Just married«-Schild an Ihr Auto, und buchen Sie eine Nacht in dem Hotel, in dem Sie damals die Flitterwochen verbrachten (wenn möglich das selbe Zimmer!). Kann er sein »Mädchen« noch immer über die Schwelle tragen? Lassen Sie die ganze Romantik jener Nacht noch einmal aufleben.

❀ ❀ ❀

Holen Sie die Schachtel mit all den Erinnerungen hervor, die Sie vom Beginn Ihrer Freundschaft an gesammelt haben, und machen Sie eine sentimentale Zeitreise. Nehmen Sie sich miteinander einen Abend Zeit, und lesen Sie gemeinsam, was Sie damals auf Speise-, Theater- und andere Eintrittskarten gekritzelt haben. Oder auf Streichholzschachteln, Ferienprospekte und andere Zettel. Schauen Sie die Mitbringsel an, die Sie aus fernen Ländern mitgebracht haben, und schwelgen Sie in Erinnerungen. Lesen Sie ihm aus Ihren Liebesbriefen vor, und suchen Sie einen aus, den er Ihnen vorlesen soll. Überwinden Sie Ihre Scheu, und tanzen Sie im Wohnzimmer zu einem Ihrer Lieblingslieder. Sie haben keine Schachtel mit persönlichen Erinnerungen? Dann ist es Zeit, eine anzufangen. Überlegen Sie, was Sie sammeln wollen. Später werden Sie sich über jedes einzelne Stück freuen.

❀ ❀ ❀

Planen Sie eine Frühjahrsreise zu den Orten, an denen alles begann. Gehen Sie dorthin, wo Sie früher gelebt haben, vielleicht in der Zeit, bevor Sie sich kennen lernten. Es wird alles ganz anders aussehen als damals. Das Stadtzentrum hat sich vielleicht vergrößert. Vielleicht ist Ihr altes Zuhause noch da. Was hat der neue Besitzer verändert? Hat er eine Terrasse angelegt oder die Türen blau oder rosa gestrichen? Zeigen Sie ihm, hinter welchem Fenster Ihr früheres Zimmer lag. Wissen Sie noch, wie Sie mit Ihrer besten Freundin hinter dem netten Jungen von schräg gegenüber hergepfiffen und getuschelt haben? Ihre Mutter meinte damals, aus ihm würde nie etwas werden, aber inzwischen ist er ein berühmter Arzt. Oder besuchen Sie Ihre ehemalige Schule, und schauen Sie nach, ob die alten Säle noch genauso aussehen wie früher.

❀ ❀ ❀

Besser als jede Fernsehsendung! Holen Sie Ihre alten Fotoalben aus der Schulzeit hervor, und machen Sie sich einen lustigen Abend. Was waren das bloß für Frisuren. Erkennen Sie sich auf dem Abschlussfoto wieder? Erzählen Sie ihm von jenen Jahren, den Elvis- und Casablanca-Postern in Ihrem Schlafzimmer, Ihrer geheimen Liebe, die später wegen Autodiebstahl ins Gefängnis kam (oder ist er inzwischen Millionär?), oder wie Sie einmal zu spät nach Hause kamen und den Schlüssel vergessen hatten. Zeigen Sie die Fotos von der Theateraufführung, und erzählen Sie ihm, wie Sie davon träumten, ein berühmter Filmstar zu werden.

❀ ❀ ❀

Kaufen Sie nach dem Valentinstag im Preis heruntergesetzte Grußkarten. Schicken Sie ihm das ganze Jahr über Ihre »Liebesgrüße«. Legen Sie hin und wieder einen kleinen persönlichen Gruß bei.

❀ ❀ ❀

Eine Frau dekorierte an ihrem Hochzeitstag den Schreibtisch ihres Mannes mit herzförmigen Luftballons und aus Packpapier ausgeschnittenen roten Herzchen. Natürlich hatte sie auf jedes ein paar zärtliche Worte geschrieben.

❀ ❀ ❀

Nehmen Sie doppelseitiges Klebeband, und kleben Sie Ihre Botschaft an die Innenseite seines Schreibtischs oder Kleiderschranks, an seine Werkbank oder den Zeichentisch. Nehmen Sie Schokoladenherzen mit Aufdruck oder Klebebuchstaben, die es im Schreibwarengeschäft zu kaufen gibt. Was Sie schreiben? Hier ein paar Vorschläge:

– Wir beide sind ein tolles Team.
– Meine Kopfschmerzen sind wieder weg.
– Wir haben's so gut!
– Danke für dein Verständnis.
– Als ich dich traf, das war der glücklichste Tag meines Lebens.
– Es gibt für mich nichts Schöneres, als dich zu spüren.
– Du bist unglaublich.
– Ich liebe dich jeden Tag ein bisschen mehr.
– Danke für die zwanzig glücklichsten Jahre meines Lebens.
– Du gehörst für immer zu mir.

Überreichen Sie Ihrem Liebsten am Valentinstag eine ganze Schachtel mit solchen Botschaften. Heften Sie eine Notiz daran: »Zweimal stündlich einzunehmen!«

❀ ❀ ❀

Es ist bestimmt nicht gesetzeswidrig, Ihren Mann nach Feierabend an der Arbeitsstelle abzuholen und zu »entführen«, damit Sie gemeinsam Ihre erste Verabredung wiederholen oder jenen Restaurantbesuch, bei dem er Ihnen seinen Antrag machte. Oder war es irgendwo am Straßenrand zu den Klängen des Autoradios? Egal. Setzen Sie sich auf dieselben Plätze wie damals. Lassen Sie Ihr Lieblingslied spielen, und tanzen Sie gemeinsam in die Nacht. Noch lustiger wird es, wenn Sie die Kinder an Ihren Erinnerungen teilhaben lassen. Dass es für Sie in Ihrer Ehe nicht immer leicht war, Gefühle zu zeigen, ist kein Grund, warum es den Kindern genauso gehen sollte, und es wird sie freuen, dass Mama und Papa sich noch immer so gut verstehen.

Von Elisabeth: »Unsere Kinder haben für uns eine Feier zur silbernen Hochzeit organisiert. Nachdem die Gäste alle gegangen waren, kamen die Erinnerungen. ›Wir haben viel Schönes erlebt, und wer weiß, wie viele gemeinsame Jahre uns noch bleiben‹, sagten wir und dachten an die gleichaltrigen Paare, die bereits einen Partner verloren hatten. Dann schrieb jeder von uns ein paar Dinge auf, die wir in den nächsten Jahren noch gern miteinander unternehmen würden. Inzwischen sind fünf Jahre vergangen. Ein paar der Dinge haben wir geschafft. Wir haben einen Kurs für Finanzmanagement besucht, die geplante Wanderung unternommen, gelernt, wie man Tomaten trocknet (er zieht Tomaten) und ein Familientreffen organisiert. Hätten wir damals nicht miteinander geträumt, hätten wir wahrscheinlich nichts davon getan. Und es gibt noch eine ganze Menge, worauf wir uns freuen können, und wir haben vor, unsere Pläne alle paar Jahre neu zu formulieren.«

❀ ❀ ❀

Benutzen Sie untereinander eine Geheimsprache oder bestimmte Zeichen, die im Laufe der Jahre eine besondere Bedeutung gewonnen haben. Wenn Sie irgendwo eingeladen sind, können Sie sich mit Blicken oder Ihren Zeichen auch durch die Menge hinweg unterhalten. Blasen Sie ihm einen Kuss zu, wenn gerade niemand zusieht, oder zwinkern Sie ihm zu. Kneifen Sie ihn ins Ohr, weil das immer Ihr Zeichen für »Ich liebe dich« war, oder benutzen Sie Ihre Zeichensprache, eine Fremdsprache oder irgendwelche Kauderwelschausdrücke, die nur Sie beide verstehen.

❀ ❀ ❀

Waren Sie an Ihrem Geburtstag oder an dem Tag, an dem er Ihnen sagte, er habe mit seiner alten Freundin Marianne wegen Ihnen Schluss gemacht, mit dem Zug oder Flugzeug unterwegs?

Machen Sie die Fahrt heute noch einmal. Nehmen Sie ein Päckchen voller Überraschungen mit, das Sie auch heute wieder in Stimmung bringt. Vielleicht können Sie es auch arrangieren, dass ein Kellner oder der Schaffner (gegen gute Bezahlung natürlich) einen kleinen Blumenstrauß bringt oder irgendeine andere Überraschung, damit Sie das Ereignis gebührend feiern können. Von Ihrer Seite braucht es dann nur noch ein paar Liebkosungen und Küsse und ein paar altmodische Sätze, die von Herzen kommen: »Für Tom: Mit dir würde ich jederzeit wieder davonrennen.«

Eines der wertvollsten Dinge, die ich besitze, ist die Kopie der Handfläche meines Mannes, die ich auf dem Fotokopierer gemacht habe. Sie zeigt ganz deutlich all die kleinen Linien und Zeichen, die ich so gut kenne, und den Ehering, den ich ihm vor Jahren an den Finger gesteckt habe und den er niemals abnimmt. Es ist solch ein intimes Bild, besser noch als ein Foto, weil es so absolut einmalig, so persönlich und vertraut ist.

❀ ❀ ❀

Überlegen Sie sich für dieses Jahr sechs Anlässe, die Sie feiern und mit denen Sie die Liebe wach halten und ihm zeigen können, dass Sie ihn noch immer lieben. Organisieren Sie eine Party für zwei. Kaufen Sie ein halbes Dutzend kleine Konfetti-Pakete, zwölf Kerzen und zwölf Blumensträußchen zum Anstecken. Und dann feiern Sie. Zum Beispiel:

- 10. Januar – der Tag, an dem wir uns begegnet sind.
- 1. März – der Tag, an dem du geboren wurdest. Ich bin so dankbar!
- 3. Mai – der erste Kuss um Mitternacht auf der Terrasse etc.

❀ ❀ ❀

Bringen Sie irgendwo einen Mistelzweig an, und lassen Sie ihn das ganze Jahr hängen. Oder ein Schild mit der Aufschrift: »Kusszone!« Damit haben Sie das ganze Jahr über eine Ausrede, um Zärtlichkeit zu zeigen. Bringen Sie es von Zeit zu Zeit an einer anderen Stelle an, mal in der Dusche, mal am Garagentor und mal in seiner Werkstatt, und achten Sie darauf, dass Sie im rechten Augenblick in der Nähe sind.

❀ ❀ ❀

Braucht er eine Extraportion Küsse, damit er Ihnen wirklich glaubt, wie sehr Sie ihn lieben? Schauen Sie sich beim Konditor oder im Kaufhaus um, ob Sie Pralinen oder andere Süßigkeiten in Kussform finden, und packen Sie genau hundert Stück davon in eine herzförmige Schachtel, die Sie entsprechend dekorieren. Sagen Sie ihm, er dürfe je nach Bedarf fünfzigmal im Jahr je zwei Küsse entnehmen, aber am liebsten wären Sie dabei, damit er Ihre Küsse auch »in echt« probieren kann. Erinnern Sie sich daran, wie es damals war, beim ersten Kuss.

Zusätzliche Idee: Alles, was ein bisschen aus dem Rahmen fällt, kann seine Aufmerksamkeit erregen. Lassen Sie einen roten Stempel in Lippenform anfertigen, und bedrucken Sie alles, was Ihnen gerade in den Weg kommt, mit Ihren Lippen, damit er weiß, dass Sie sich nach ihm sehnen. So lässt sich auch normales Geschenkpapier verzieren.

❀ ❀ ❀

Bereiten Sie ein Picknick vor, und gehen Sie hinaus, um den Sonnenuntergang zu beobachten. Ritzen Sie Ihre Initialen in einen Baumstamm, oder schreiben Sie Ihre Namen mit einem Stück Holz in die Erde. Wenn der Vollmond erscheint (schauen Sie vorher in den Kalender, damit Sie auch wirklich eine Vollmondnacht erwischen!), gehen Sie Hand in Hand im Mondschein zum Auto zurück. Flüstern Sie ihm Zärtlichkeiten ins Ohr, auch wenn Sie das schon lange nicht mehr gemacht haben und sich dabei ein bisschen komisch vorkommen. Wenn alles klappt wie vorgesehen, werden Sie sich noch lange an diesen Abend zurückerinnern. Und er auch.

❀ ❀ ❀

Halten Sie an Ihrer Lieblingsstelle am See an, genau wie damals. Heute Abend ›pfeifen‹ Sie auf die Etikette!

Von Alice: »Ich weiß, wie schwer es meinem Mann fällt, Gefühle zu zeigen oder auch einmal zu weinen. Als sein heißgeliebter Jagdhund starb, hat er bestimmt manche Träne vergossen, aber er hat es nie gezeigt. Deshalb habe ich ihm in Schönschrift ein Kärtchen geschrieben, auf dem stand: ›Es tut mir so Leid. Ich habe Felix auch sehr gern gehabt.‹ Später hat er mir erzählt, dass er sich über meine Karte ungeheuer gefreut habe, weil niemand sonst gemerkt hätte, wie sehr ihm sein langjähriger vierbeiniger Freund fehlte. Er hat die Karte lange in seiner Schreibtischschublade aufbewahrt.«

❀ ❀ ❀

Machen Sie sich bemerkbar. Schreiben Sie kleine zärtliche Notizen, oder kopieren Sie ein Liebesgedicht auf selbstklebende Zettel, und befestigen Sie sie überall, wo es Ihnen gerade in den Sinn kommt. Heften Sie einen an das Butterbrot in seiner Aktentasche, an die Kaffeekanne oder seine Tasse, an die Flasche mit dem Rasierwasser oder in die Sockenschublade, an das Hemd, das er heute anziehen wird, an die Windschutzscheibe, den Rückspiegel oder den Tankdeckel, an sein Kopfkissen, die Zeitung oder den Fernseher oder stecken Sie ihn in seine Tasche. Vielleicht findet er sie alle an einem Tag, vielleicht erst später. Dann ist die Freude umso größer.

Falls er mit dem Auto zur Arbeit fährt und Sie tagsüber dort vorbeifahren können, stecken Sie einen zärtlichen Gruß unter den Scheibenwischer oder – falls Sie einen zweiten Autoschlüssel haben – an das Steuerrad.

❀ ❀ ❀

Bewahren Sie den Gruß, den Sie von ihm erhalten, auf und stellen Sie ihn eine Woche lang auf den Küchentisch. Später können Sie ihn in einen Rahmen stecken. Sagen Sie ihm, dass Sie seinen

Gruß immer wieder lesen und wie sehr Sie sich darüber gefreut haben.

❀ ❀ ❀

Ob er ein kräftiger Bulldozerfahrer, ein tapferer Polizist oder ein stiller Buchhalter ist, ein herzförmiger Kuchen wird ihn bestimmt freuen – sei es zum Geburtstag oder Hochzeitstag, zum Tag, an dem Sie sich kennen lernten, oder wenn er befördert wird. Woher Sie ihn bekommen? Backen Sie eine runde Torte und eine eckige, deren Seiten genauso lang sind wie der Durchmesser der runden. Schneiden Sie den runden Kuchen in der Mitte durch. Legen Sie den eckigen Kuchen auf eine größere Platte, die Spitze nach oben, und schieben Sie die beiden Hälften des runden Kuchens an die oberen Kanten, sodass ein Herz entsteht. Überziehen Sie das Ganze mit seiner Lieblingsglasur, und dekorieren Sie den Kuchen mit farbigen Rosen (eine Rose steht für die Liebe, ganz egal, was für eine Farbe sie hat) und ein paar zärtlichen Worten. Sorgen Sie beim Essen für ein gemütliches Licht.

❀ ❀ ❀

Schenken Sie ihm ein Schmuckstück aus einer Freundschaftskollektion, das zu Ihrem Schmuck passt – ein halbes Herz, identische Ringe, eine Kette oder einen Anhänger. Freunde werden fragen, was für eine Bedeutung der Schmuck hat, und Sie können erzählen, wie sehr Sie sich darüber freuen, dass Sie zusammengehören. Sagen Sie ihm, wie gern Sie anderen von ihm erzählen.

❀ ❀ ❀

Können Sie sich noch daran erinnern, wie bei bestimmten Liedern oder Musikstücken ein Gefühl der Zusammengehörigkeit zwischen Ihnen entstand? Sie können die Stimmungen von damals wieder aufleben lassen, indem Sie die Musik in Ihr heutiges Leben zurückholen:

- Schreiben Sie den Text des Liedes auf, und schicken Sie ihn an seine Adresse im Büro.
- Suchen Sie, bis Sie das Band wieder finden, und lassen Sie es in den romantischen Stunden laufen.
- Lassen Sie das Band eine Woche lang jeden Abend laufen, wenn er von der Arbeit nach Hause kommt.
- Bitten Sie den Geiger (oder ein anderes Mitglied der Band), Ihnen im Restaurant Ihr Lied zu spielen.
- Singen Sie Ihr Lied in der Küche, wenn Sie fröhlich sind.

❀ ❀ ❀

Vielleicht gibt es ein Lied, in dem der Name Ihres Mannes vorkommt oder das ihn ziemlich genau beschreibt. Sagen Sie ihm, dass Sie bei diesem Lied an ihn denken müssen.

❀ ❀ ❀

Eine Frau berichtet, dass sie sich »ihr« Lied an jedem Hochzeitstag im Lokalradio wünscht. »Wir freuen uns immer darauf, wenn dann beim gemütlichen Essen unser Lied ertönt«, schreibt sie.

Von Johanna: »Immer wieder einmal nehme ich ein paar Sätze auf Band auf, die ihm sagen, was ich wirklich für ihn empfinde. An einem ganz normalen Tag, wenn er nicht damit rechnet, schiebe ich die Kassette in sein Autoradio und drehe die Lautstärke voll auf. Das baut ihn schon auf dem Weg zur Arbeit mächtig auf.« Vorsicht: Nicht zu empfehlen, wenn andere im Auto mitfahren.

❀ ❀ ❀

Freuen Sie sich an allem, was zwischen Ihnen Nähe schafft. Wenn er vor Ihnen hergeht, dann suchen Sie ihn mit Ihren Blicken, und sagen Sie sich: »Ich kenne diesen Mann so gut wie sonst niemand auf der ganzen Welt.« Wenn er einen Vortrag hält und Sie voll Stolz hinten in der letzten Reihe sitzen, wissen nur

Sie, wie schwer es war, alle Unterlagen zu sammeln, oder wie Sie beide darum gekämpft haben, bis die Krawatte ordentlich saß, oder wie es wirklich in ihm aussieht, weil seine Mutter im Krankenhaus liegt, oder dass er keine Krabben mag, weil er darauf allergisch reagiert. Sie sind vermutlich die Einzige, die an seiner Haltung, wenn er nach vorn geht, erkennen kann, wie ihm wirklich zumute ist. Obwohl Sie durch tausend Menschen voneinander getrennt sind, sind Sie ihm mit Ihren Gedanken ganz nahe. Er wird sich freuen, dass Sie ihm es später sagen.

4

Ein Geschenk ist fortgegebene Liebe

Kreativ schenken können ist eine Gabe

Liebe heißt nicht Empfangen, sondern Geben ... sie ist Güte und Ehre und Friede und reines Leben.

Henry Van Dyke, Little Rivers

Es ist sein Geburtstag. Hinter Ihrem Rücken zaubern Sie drei Schachteln mit Schokoladenkeksen hervor (seine Lieblingssorte), die Sie schon seit ein paar Wochen im Schrank versteckt haben, oder ein Miniaturfoto von den Kindern und Ihnen, das Sie in einen Papierbeschwerer eingelassen haben. Im Januar überreichen Sie ihm den Katalog aus der Samenhandlung, auf den er schon so lange gewartet hat. Oder können Sie sich einen neuen Rasenmäher leisten? Super! Doch egal, wie viel Ihr Geschenk wert ist, wenn es etwas ist, was zu ihm passt oder was er sich schon lange gewünscht hat, dann ist die Freude groß.

Vielleicht würden Sie ihm gerne die schöne Uhr schenken, die er neulich in der Auslage des Juweliers so bewundert hat, aber Ihre Brieftasche sagt Nein. Falls Sie nicht viel Geld ausgeben können und Ihnen die Ideen fehlen, gibt es auch Bücher mit Geschenkideen, die Ihnen weiterhelfen.

Die Geschenke, die am meisten geschätzt werden und an die man sich am längsten erinnert, sind oft nur kleine Zeichen der Liebe, die zeigen, dass sich der Schenkende Gedanken gemacht hat – wie zum Beispiel seine Werkstatt oder die Garage aufräumen, weil er selbst das so ungern tut, oder endlich zum Arzt gehen, damit er beruhigt ist. Hauptsache ist, dass Sie das Richtige tun. Wenn er zum Beispiel gerade Diät macht und Sie ihm Pralinen schenken, dann ist das keine so gute Idee. Halten Sie das ganze Jahr über die Augen offen für das passende Geschenk – Karten, Lesezeichen, originelle Sprüche und andere Kleinigkeiten, und nutzen Sie günstige Angebote im Schlussverkauf. Dann haben Sie nicht nur immer etwas parat für die großen Festtage, Ihr geheimer Vorrat hilft Ihnen auch, zum Beispiel nach einer heftigen Auseinandersetzung mit einer kleinen Geste die Wogen zu glätten oder ihn zu verwöhnen, wenn er mit Grippe im Bett liegt. Eine Frau hat den ersten Tag jedes Monats zum Geschenktag erklärt, weil »du es wert bist«.

Lernen Sie, schöne Bänder und Dekorationen zu gebrauchen, um die Aufmerksamkeit vom Preis des Geschenks wegzulenken und schon bei der Verpackung auf seine Hobbys und Vorlieben einzugehen. Machen Sie aus jedem Geschenk ein Unikat, das genau auf ihn und den Anlass zugeschnitten ist. Und vergessen Sie nicht, das ganze Jahr über große und kleine Schachteln zu sammeln, damit Sie bei Bedarf einen entsprechenden Vorrat haben.

Auch auf den richtigen Zeitpunkt kommt es an. Wenn er seit drei Monaten ohne Arbeit und Ihr Budget (wieder einmal) ziemlich angespannt ist, dann suchen Sie den Notgroschen hervor, den Sie irgendwann einmal zurückgelegt hatten, und kaufen Sie ihm einen Ratgeber für die Stellungssuche. Legen Sie vor jedem nervenaufreibenden Bewerbungsgespräch einen Mut machenden Bibelspruch auf seinen Frühstücksteller, und stellen Sie im Sommer ein paar Blumen aus dem Garten daneben, damit er weiß, dass Sie an ihn denken, wenn er aus dem Haus geht.

Vielleicht können Sie an verschiedenen Stellen in der Wohnung kleine Hinweise anbringen, die ihm den Weg zu dem Platz zeigen, an dem Sie sein Geburtstagsgeschenk versteckt haben. Mit Ihren Andeutungen und Ihrem Beifall können Sie ihn durch das ganze Haus schicken. Er wird Jacken- und Hosentaschen durchsuchen, in den Wäschekorb, hinter Sofakissen schauen und unter den Teppich.

❀ ❀ ❀

Bilden Sie ein Anagramm aus seinem Namen. Dann schreiben Sie zu jedem Buchstaben ein Kosewort oder einen netten Satz. Stecken Sie das Ganze in einen Umschlag, oder hängen Sie es als Poster auf.

❀ ❀ ❀

Eine Frau fragt: »Trauen Sie sich, an Ihrem Hochzeitstag eine völlig neue Art des Schenkens offen zu legen? Kaufen Sie billiges blaues Geschenkpapier (oder Klarsichtfolie für die ganz Mutigen!), und wickeln Sie die Frau seines Lebens darin ein – Sie! Umwickeln Sie alles mit einer riesigen Schleife, und bringen Sie ein Schild an: ›Vorsicht! Zerbrechlich!‹«

❀ ❀ ❀

Fragen Sie seine Mutter nach dem Rezept für den Heidelbeerkuchen, von dem er immer so schwärmt, und backen Sie dann ein ganzes Blech voll – nur für ihn.

❀ ❀ ❀

Kaufen Sie eine Packung seiner Lieblingseiskrem. Packen Sie sie schön ein, binden Sie zwei Löffel an die Schleife, und verzehren Sie sie gemeinsam.

❀ ❀ ❀

Isst er gern Himbeeren? Heute gibt es einen ganzen Korb voll. Und zum Nachtisch gibt es Himbeertorte mit ganz viel Sahne.

❀ ❀ ❀

Kaufen Sie einen kleinen Teddybär, und erklären Sie den Tag zum nationalen Schmusetag. Kuscheln Sie, so lange Sie Lust haben.

❀ ❀ ❀

Bitten Sie Freunde und Verwandte, ihre Exemplare von Hobbyzeitschriften, die er sich nicht leisten kann, nicht wegzuwerfen, sondern für Sie aufzuheben. Umwickeln Sie den gesammelten Stapel mit einer dicken Schleife und überreichen ihn ihm als Geschenk. Er wird sich stundenlang darüber freuen können.

❀ ❀ ❀

Ist er ein Pflanzenliebhaber? Pflücken Sie eine Rose oder ein Gänseblümchen für seinen Schreibtisch. Oder vielleicht können Sie diese Woche jeden Tag eine wilde Blume auf seine Werkbank stellen. Oder Sie kaufen einen neuen blühenden Strauch für den Vorgarten. Auf den dazugehörigen Zettel könnten Sie schreiben: »Meine Liebe zu dir wächst mit jedem Tag.« Oder: »Zusammen alt werden heißt zusammen reifen.«

❀ ❀ ❀

Schenken Sie ihm irgendeine Kleinigkeit mit Symbolcharakter, die auf eine größere Anschaffung hindeutet:

- Einen Grundriss Ihrer Traumvilla zusammen mit einem Sparbuch, in dem Ihre erste Anzahlung für den Bausparvertrag eingetragen ist.
- Eine kleine Schaufel als Hinweis darauf, dass Sie bereit sind, mit ihm zum Camping zu gehen, obwohl Sie sich gar nichts aus Camping machen.
- Eine Frau, die zwar nicht viel Geld, dafür aber umso mehr Phantasie hatte, schenkte Ihrem Mann einen Backstein. Auf der liebevoll handgemalten Karte, die sie daran gebunden hatte, stand: »Das ist die erste Rate für unseren offenen Kamin. Das Geld, das ich am Samstag bei meinem Aushilfsjob ver-

diene, lege ich dafür zurück.« Bis zu seinem Geburtstag, sechs Monate später, hatte sie ihr Versprechen noch nicht erfüllen können. Sie hatte es aber auch nicht vergessen und ließ eine ganze Ladung Kaminholz kommen. Als der Kamin endlich eingebaut war, hängte sie ein großes Schild an den Sims: »Feuer frei!«

– Ein Päckchen mit Blumensamen, eine Gartenschere und Blumenbast.
– Karten für ein Theaterstück oder das Endspiel des Fußballklubs und einen Gutschein für ein Essen in seinem Lieblingsrestaurant.
– Einen phantasievoll zurechtgemachten Korb mit seinen Lieblingsnaschereien, damit er während der Übertragung der Sportsendung nicht so oft aufstehen muss.

❀ ❀ ❀

Schenken Sie ihm eine bunt gemusterte Krawatte mit einer Anspielung auf ein Hobby oder auf irgendetwas, was nur Sie beide verstehen – mit Pferden, weil Sie beide gern reiten, oder einem Seepferdchen, weil eine Anstecknadel mit einem Seepferdchen sein erstes Geschenk für Sie war.

Eine scharfsichtige, aber auch humorvolle Frau, die ihren Mann gern wegen seiner früheren Freundinnen neckte, schenkte ihm vor dem Klassentreffen einen Schlips, auf dem die Worte standen: »Ich bin verheiratet!« Mit einem freundlichen Zwinkern flüsterte sie ihm zu: »Ein so gut aussehender Mann wie du braucht einen gewissen Schutz.«

❀ ❀ ❀

Schreiben Sie ihm in Tusche und mit Ihrer schönsten Schrift einen Liebesbrief oder ein Gedicht. Anregungen finden Sie in Kapitel 1.

❀ ❀ ❀

Fällt es ihm schwer, bestimmte Daten oder Feiertage im Kopf zu behalten? Kein Grund zur Aufregung. Stellen Sie ihm seinen persönlichen Wand- oder Tischkalender zusammen, in dem Sie alle Geburtstage und Jubiläen der Familie und andere wichtige Ereignisse eintragen. Vermerken Sie auch den Elternabend Ihres Erstklässlers oder die Diplomfeier der Ältesten, das Jahresfest der Gemeinde, das Klassentreffen oder den goldenen Hochzeitstag seiner Paten. Heften Sie eine Übersicht dazu, die ihm alle Daten auf einen Blick zeigt.

❀ ❀ ❀

Kaufen Sie Glückwunschkarten für alle Gelegenheiten, und versehen Sie sie bereits mit den entsprechenden Adressen. Legen Sie Briefmarken dazu, und vermerken Sie mit Bleistift oben rechts auf den Umschlägen als Gedächtnisstütze das Datum, zu dem die Karten fällig sind. Vor allem die Kinder werden sich freuen, von Vater eine Karte zu bekommen.

❀ ❀ ❀

Wenn er einmal nicht da ist, nehmen Sie seine Lieblingssendung auf Video auf, und überreichen Sie sie ihm in einer schönen Verpackung.

❀ ❀ ❀

Lassen Sie ein schönes Foto von sich und den Kindern vergrößern, unterschreiben Sie es, und schneiden Sie es in viele kleine Stücke. Schicken Sie ihm das Fotopuzzle ins Büro. Die Kollegen werden ihm sicher gern helfen, die Teile wieder zusammenzufügen. Schicken Sie einen Rahmen, Pappe und Kleber mit, damit er das Kunstwerk an seinem Arbeitsplatz aufhängen kann.

❀ ❀ ❀

Sammeln Sie das ganze Jahr über aus Zeitungen und Zeitschriften lustige und originelle Schlagzeilen oder Geschichten über seine Hobbys, sei es Golf, Tennis oder die Jagd. Schieben Sie ein paar interessante Schlafzimmergeschichten dazwischen, Artikel über Kindererziehung, über Gartenarbeit oder was Sie beide sonst gerade beschäftigt. Kritzeln Sie ein paar eigene Kommentare dazu, sodass Sie etwas zum Lachen haben, und kleben Sie alles in ein Album.

❀ ❀ ❀

Ein Geschenk mit besonderem Erinnerungswert erhalten Sie, indem Sie Ihre alten Liebesbriefe in einem Album zusammenstellen.

❀ ❀ ❀

Vielleicht fahren Sie einmal ohne ihn in Ihre Heimatstadt zurück, um Verwandte zu besuchen. Nehmen Sie einen Fotoapparat mit, und knipsen Sie Ihr erstes Haus mit dem Garten, damit er sehen kann, wie schön die Büsche, Hecken und Bäume, die er damals angepflanzt hat, in der Zwischenzeit gewachsen sind und welche Veränderungen die neuen Besitzer vorgenommen haben. Auch ein paar Fotos von der Schule, in der Sie sich damals kennen gelernt haben, und von anderen Orten, an denen Sie sich begegnet sind, werden bestimmt gut ankommen.

❀ ❀ ❀

Sticken Sie ein Bild mit seinem Lieblingsspruch, einem Witz oder einem Bibelvers, und rahmen Sie es ein.

❀ ❀ ❀

Lassen Sie ein Namensschild für die Tür zu seinem Hobbyraum oder seiner Werkstatt anfertigen, oder sticken Sie seinen Namen und rahmen ihn ein. Geben Sie seinen Handtüchern, einem Pullover, seinen Shorts, Taschentüchern, Hemdentaschen oder

Manschetten eine persönliche Note, indem Sie seine Initialen darauf sticken.

❀ ❀ ❀

Fertigen Sie aus Pappe ein Stimmungsbarometer an mit einem Zeiger, sodass er jedem mitteilen kann, wie ihm heute zumute ist. Sagen Sie ihm, er solle das Schild an die Tür hängen, wenn er
- nicht gestört werden will,
- sich Sorgen macht,
- reden möchte,
- sich mies fühlt,
- Streicheleinheiten braucht,
- sich freut,
- zufrieden ist,
- glücklich ist.

❀ ❀ ❀

Gutscheine sind gute Möglichkeiten, dem anderen zu zeigen, dass man ihn mit seinen Wünschen und Interessen ernst nimmt. Wofür Sie einen Gutschein ausstellen können:
- eine Autowäsche,
- eine Massage nach einem langen Arbeitstag,
- einen Samstagnachmittag, an dem Sie Telefon und Kinder von ihm fern halten, damit er in Ruhe und ungestört Fußball schauen kann,
- einen ganzen Monat lang Rasenmähen,
- keine spitzen Bemerkungen mehr über sein Gewicht,
- in der Woche, in der er Geburtstag hat, führen Sie für ihn jeden Tag zweimal den Hund Gassi.

❀ ❀ ❀

Geschenke für werdende Väter

Ein »Notkoffer« für die Zeit im Wartezimmer. Legen Sie ihm zum Lesen ein paar seiner Lieblingszeitschriften hinein und auch etwas geistliche Nahrung, zum Beispiel eine kleine Bibel, in der Sie Mut machende Verse für ihn angestrichen haben. Vergessen Sie nicht ein paar Münzen für das Telefon, eine Liste mit den Telefonnummern der Bekannten, die nach der Geburt gleich Bescheid wissen sollten, Knabbereien, Zigarren oder Pralinen zum Verschenken und ein paar lustige Zeichnungen, Gedichte oder Sprüche über Babys und Schwangerschaften, die den Ängsten, Sorgen und Schwächen der jungen Eltern etwas die Spannung nehmen.

❀ ❀ ❀

Eine ganze Schachtel voller bunt eingewickelter kleiner Päckchen für den »fantastischen Vater unseres neuen Babys«, die Sie in den Monaten vor der Geburt besorgt haben. Auf jedem Päckchen ist notiert, wann es geöffnet werden darf (am 1., 2., 3. Tag nach der Geburt usw.)

Bettina berichtet: »Nach der Geburt unseres ersten Kindes lachten wir über den ›Baby-Graben‹, die Distanz, die wir auf einmal zwischen uns beiden spürten, weil unser kleiner Sohn so viel von unserer Zeit, Kraft und Aufmerksamkeit für sich beanspruchte. Die Überraschungspäckchen, die ich schon lange vorher für ihn vorbereitet hatte, sollten ihm zeigen, dass er trotz allem der wichtigste Mensch in meinem Leben ist und bleibt, obwohl es damals, in den ersten Wochen, nicht so aussah.«

Von Tabea: »Das Geschenk, über das mein Mann sich am meisten gefreut hat, war ein ganz persönlicher Liebesbrief, in dem ich ihm dafür gedankt habe, dass er mich wieder zur Mutter gemacht hat, und ihm gesagt habe, warum ich glaube, dass wir gute Eltern sein werden.«

5

Kleine Dinge, große Wirkung

Kleine Aufmerksamkeiten sind wichtig und sollten nicht gering geschätzt werden

Wir können nicht zu früh damit beginnen, einem anderen freundlich zu begegnen, denn wir wissen nie, wie schnell es zu spät sein könnte.

Anonym

Große Liebestaten werden im Allgemeinen von denen getan, die sich regelmäßig in kleinen Liebeserweisen üben. Auch kleine Aufmerksamkeiten sind wichtig und sollten nicht gering geschätzt werden.

Eine viel beschäftigte Ehefrau – Hausfrau, Lehrerin und Mutter von vier Kindern – meinte: »Ich weiß, dass ich seine Liebe nicht als selbstverständlich hinnehmen sollte, aber ich habe einfach nicht die Zeit – und nicht das Geld –, um so ein Theater zu machen wie manche anderen. Außerdem ist es gar nicht so leicht, meinem engstirnigen und festgefahrenen Mann mit neuen Ideen zu kommen. Das könnte ja womöglich irgendwelche Gefühle in ihm wachrufen, und er ist es nicht gewöhnt, Gefühle zu zeigen, nicht einmal vor sich selbst.«

Oft aber ist es so, dass die Dinge, die am besten ankommen, gar nicht viel kosten und nicht viel Zeit in Anspruch nehmen. Und selbst der unbeweglichste Mann wird kleinen Aufmerksamkeiten, die von Herzen kommen und gerade im richtigen Moment auf seine Bedürfnisse eingehen, auf Dauer nicht widerstehen können. Wenn wir einmal außer der Reihe seine Wäsche waschen, ihm ganz unerwartet ein kühles Bier bringen, wenn er gerade dabei ist, die Kettensäge zu reparieren, oder ihm helfen, für den ersten Tag an der neuen Arbeitsstelle die passende Krawatte herauszusuchen, dann tragen wir dazu bei, dass das Leben einen Augenblick lang aus der Sphäre des Alltäglichen herausgehoben wird. Solch kleine Zeichen der Liebe senden die Botschaft aus: »Mir liegt an dir«, und rühren auch das kälteste Herz an.

Der Zauber, der gerade von solch kleinen, alltäglichen Gesten ausgeht, macht das gemeinsame Leben lebenswert, obwohl das Portemonee so gut wie leer und die letzte Hypothek noch nicht bezahlt ist und außerdem eine Erhöhung der Krankenkassenprämien ins Haus steht. Und im Rückblick können solch kleine Liebeserweise an Bedeutung gewinnen und helfen, die Beziehung auch in schwierigen Zeiten zusammenzuhalten.

Die Zeit wird Ihnen nicht reichen, um die folgenden Vorschläge alle umzusetzen. Viele werden für Sie nicht in Frage kommen. Aber vielleicht gelingt es Ihnen, immer wieder einmal eine oder zwei der hier genannten Ideen aufzugreifen und Ihrer Beziehung damit neue Farbe zu geben.

Alles Gute, was Christus in einem von Schuld befreiten Leben schafft, wird … bei euch zu finden sein. Und das alles zu Gottes Ehre und zu seinem Lob!

Philipper 1,11 Hfa

Eine Frau erzählt: »Bruno verlor seine Stelle. Wir konnten die Rechnungen nicht mehr zahlen und die Kinder nicht mehr zum Kieferorthopäden schicken. Es gab kein neues Kleid zu Mutters Geburtstag. Ich musste tragen, was ich noch hatte. Eines Tages, als ich wirklich entmutigt war, brachte Bruno mir eine gelbe Rose, meine Lieblingsblume. Ein paar Tage später, als er von einem sehr enttäuschenden Bewerbungsgespräch nach Hause kam, stellte er wieder eine Rose auf den Küchentisch. War eine verblüht, tauchte eine andere auf. Ich erhob Einwände und sagte, unsere Haushaltskasse könne sich solche Extravaganzen einfach nicht leisten.

›Blumen helfen immer, den Tag etwas aufzuhellen‹, erwiderte er. Und er hatte Recht. Dass in unserem Leben im Moment nicht alles nach Plan verlief, bedeutete ja noch lange nicht, dass wir uns nicht freuen durften. Bruno hat noch immer keine neue Stelle, aber wir haben fast immer eine frische gelbe Rose auf dem Küchentisch stehen. Manchmal suche ich selbst in den Tiefen meines Portemonees oder der Handtasche oder zwischen den Sofapolstern nach verlorenen Münzen. Wenn ich eine finde, laufe ich zum nächsten Blumenstand. Bruno soll spüren, dass ich an ihn glaube, egal, was geschieht.

Diese kleine Geste hat enorm dazu beigetragen, dass die Stimmung in unserer Familie in diesen schwierigen Zeiten nicht absinkt. Sie hat einen beruhigenden Effekt. Selbst die Kinder versuchen, ihrem Vater Mut zu machen, und stecken manchmal ein Gänseblümchen oder einen Löwenzahn in die ›Hoffnungsvase‹. Der leuchtende Fleck auf unserem Küchentisch erinnert uns daran, dass wir die Probleme gemeinsam durchstehen wollen und wie froh wir sind, dass wir zusammengehören. Es ist egal, wie schlimm es noch kommt, die Blumen sind zu einem Teil unseres Lebens geworden.«

❀ ❀ ❀

Tragen Sie seine kleinen Eigenarten mit Fassung. Erinnern Sie sich immer wieder daran, dass wir alle ein paar seltsame Gewohnheiten mit uns herumtragen, ob sie nun vererbt oder ein Überbleibsel aus unserer Erziehung sind. Vielleicht war sein Vater Beamter, und er will nun, dass auch in seinem Haus Ordnung herrscht. Wenn er meint, die Tassen im Küchenschrank müssten alle zueinander passen oder die Hemden im Schrank alle nach Süden zeigen, dann loben Sie seinen Sinn für Perfektion. Es tut Ihnen bestimmt nicht weh, wenn Sie ein paar neue

Tassen besorgen oder die Hemdenbügel in die richtige Richtung drehen. Vergessen Sie nicht, dass so ein Mann meist auch der Partner ist, der selbst seine Socken wegräumt!

Kommt er aus dem hohen Norden, und Sie wohnen jetzt im Süden? Stellen Sie Ihre Küche darauf ein. Er muss sich nicht an Schweinshaxen mit Kraut gewöhnen, auch wenn Ihre Mutter deshalb die Nase rümpft.

Möchte er im Bett unbedingt auf der rechten Seite liegen, warum nicht? Es sind oft die Kleinigkeiten, auf die es entscheidend ankommt.

❀ ❀ ❀

Unterstützen Sie ihn in seinen Interessen. Spielen Sie den Co-Piloten, und halten Sie für ihn die Straßenkarte, wenn Sie in einer fremden Stadt eine bestimmte Adresse suchen. Schauen Sie sich mit ihm einen Actionfilm an, oder besuchen eine Bootsausstellung, und nehmen Sie sich vor, so viel Spaß wie möglich daran zu finden. Liebe bringt neue Liebe hervor. Wenn er merkt, dass Sie auf ihn eingehen, ist auch er eher bereit, Ihnen einmal einen Gefallen zu tun!

❀ ❀ ❀

Loben Sie die Ergebnisse, die Ihr begabter Mann bei seinen Hobbys hervorbringt. Rahmen Sie das Familienfoto, das er mit seiner neuen Kamera aufgenommen hat, und hängen Sie es auf. Reden Sie den Knospen an seinem neuen Rosenstock gut zu, und besorgen Sie ihm eine Packung Dünger. Kochen Sie Spagetti, und bereiten Sie von den Tomaten, die er aus dem Garten mitbringt, eine Soße zu.

❀ ❀ ❀

Schicken Sie seinen Eltern an seinem Geburtstag heimlich eine Karte oder einen Blumenstrauß, und danken Sie ihnen für Ihren tollen Sohn. Sie können sicher sein, dass er früher oder später davon erfahren wird.

Zusatzidee: Schreiben Sie beiden seiner Eltern einen Brief, und danken Sie ihnen für die guten Eigenschaften, die sie in Ihrem Mann geweckt und gefördert haben und die Sie an ihm so sehr bewundern: Verlässlichkeit, Ehrlichkeit, Treue, Achtung vor sich selbst und anderen, seine Ordnungsliebe und Sauberkeit etc. Danken Sie ihnen für all die Opfer, die sie gebracht haben, damit ihr Sohn eine gute Schule besuchen und einen Beruf lernen konnte, um nun seine Familie zu ernähren, und auch dafür, dass sie in ihm die Liebe zur Schönheit oder Kunst geweckt haben, zur Musik oder zu guten Büchern.

❀ ❀ ❀

Sie können ihm Ihre Liebe auch zeigen, indem Sie seinen Eltern hin und wieder einen kleinen Gruß oder eine Karte schicken, vielleicht wenn sie gerade schwierige Zeiten durchzumachen haben – vor der Pensionierung, wenn Kinder oder Enkel aus dem Haus gehen, wenn sie den Tod von Freunden oder Verwandten betrauern oder auch den Verlust eines Haustieres. Nehmen Sie Anteil, wenn einer der beiden krank ist oder zur Kur muss. Und vergessen Sie nicht, dem gesunden Teil, der nun die Pflege übernehmen muss, ein aufmunterndes oder tröstendes Wort zu schicken. Den meisten Männern fällt es schwer, den Kontakt mit den eigenen Eltern aufrechtzuerhalten, obwohl sie es eigentlich gern täten.

❀ ❀ ❀

Ihr Mann freut sich bestimmt, wenn Sie ab und zu bei seinen Eltern hereinschauen und sich erkundigen, was Sie für sie tun könnten. Einkaufen? Den Familienrat zusammenrufen, weil eine größere Entscheidung getroffen werden sollte? Einen von ihnen zum Arzt fahren? Falls seine Eltern weiter weg wohnen, rufen Sie regelmäßig an, und erinnern Sie auch Ihren Mann daran, sich hin und wieder zu melden. Und selbst wenn Ihr Verhältnis zu seinen Eltern nicht allzu eng ist, Sie können trotzdem etwas dafür tun, dass ihr Leben ein wenig heller und Ihre eigene Ehe gefestigt wird.

Eine junge Mutter erzählt, nach der Geburt ihrer kleinen Tochter sei sie so von all der neuen Arbeit in Anspruch genommen worden, dass sie viel zu müde war und kaum mehr Zeit hatte, auf ihren Mann einzugehen. Was tat sie?

Sie notierte auf lauter Zetteln die verschiedensten kleinen Dinge, von denen sie wusste, sie würden ihm Freude bereiten. Sie legte die Zettel in eine Glasschale, stellte sie auf den Esstisch und forderte ihn auf, jeden Morgen vor der Arbeit einen Zettel zu ziehen. »Er freut sich ganz mächtig auf jeden Abend, auf die Massage, die ich ihm versprochen habe, oder den Film, den ich aus der Videothek besorgt habe. Diese kleinen Dinge stärken unser Zusammengehörigkeitsgefühl, auch in dieser neuen Phase unseres Ehelebens«, sagt sie. »Und meine ›Nachwehen‹ haben etwas nachgelassen, als er vorschlug, dass ich ab Sonntag auch aus der Glasschale ziehen darf!«

❀ ❀ ❀

Gehen Sie zur jährlichen Vorsorgeuntersuchung, weil er Sie darum bittet, oder geben Sie das Rauchen oder irgendeine andere Angewohnheit auf, die ihn stört. Sie spüren daran doch, dass er sich um Ihre Gesundheit sorgt. Sagen Sie ihm, dass Sie zum Arzt gehen, weil seine Anteilnahme Ihnen gut tut.

❀ ❀ ❀

Suchen Sie Körperkontakt. Fragen Sie ihn, wie es ihm geht, vor allem, wenn ihm in der letzten Zeit nicht wohl war oder er sich krank fühlt.

❀ ❀ ❀

Schicken Sie ihm hin und wieder zu seinem Geburtstag oder einem anderen Anlass eine Glückwunschkarte. Heben Sie Karten, die er Ihnen geschickt hat und die für Sie eine ganz besondere Bedeutung haben, auf. Irgendwann einmal können Sie sie ihm zurückgeben. Schreiben Sie einen Brief dazu, und erklären Sie ihm, was sein Gruß für Sie bedeutet hat und warum. Vielleicht gibt es eine ganz besondere Karte, die Sie eine Zeit lang hin und herschicken können. Solche kleinen Geheimnisse können eine Beziehung ungemein stärken.

❀ ❀ ❀

Schwelgen Sie miteinander in Erinnerungen. Lassen Sie Ereignisse, von denen niemand sonst etwas weiß und die für Ihr gemeinsames Leben eine ganz besondere Bedeutung gewonnen haben, wieder aufleben. Wenn Sie in eine andere Stadt ziehen, dann erzählen Sie sich noch einmal, wie es damals war, als Sie mit dem Erstgeborenen aus dem Krankenhaus nach Hause kamen. Wenn Sie nach sieben Jahren das Auto verkaufen, dann erinnern Sie sich daran, wie Sie sich damals alle in den funkelnden Ford gezwängt und die Kinder vor Freude auf dem Rücksitz herumgetobt haben und Sie auf dem Heimweg angehalten haben, um die neue Errungenschaft mit Eis und Strömen von Cola zu begießen. Solche Momente des Glücks sind ungeheuer kostbar, sie schaffen Verbindung und stärken die Freude am gemeinsamen Leben.

❀ ❀ ❀

Erklären Sie den Kindern vor den Ohren Ihres Mannes, dass Sie einander ewige Treue geschworen haben und Ihre Liebe zu ihm nie aufhören wird, obwohl Sie manchmal miteinander streiten.

❀ ❀ ❀

Loben Sie ihn im Beisein anderer Menschen, vor allem der Kinder. Reden Sie auf dem Weg zur Kirche davon, dass er gestern zwei Stunden lang das Auto geputzt hat. Sieht doch toll aus, nicht wahr? Dann sagen Sie es auch. Es wird ihm auch gut tun, wenn

Sie daran denken, Ihren Gästen seine Bilder oder die selbst geschnitzten Krippenfiguren zu zeigen.

❀ ❀ ❀

Stellen Sie ihm Fragen. Was fehlt dir? Was kann ich für dich tun? Gibt es irgendetwas, worüber wir reden sollten? Was? Bitten Sie ihn, eine Liste mit seinen Wünschen zu schreiben. Wetten, dass er Sie bittet, dasselbe zu tun?

❀ ❀ ❀

Wer den anderen liebt, der achtet seine Privatsphäre. Gehen Sie nicht ins Bad, wenn er die Tür zugemacht hat. Schnüffeln Sie nicht in seinen Sachen herum, öffnen Sie nicht seine Briefe, und lauschen Sie nicht seinen Telefongesprächen. Wer dem anderen Freiraum lässt, der sagt damit: »Ich vertraue dir. Ich muss nicht über alles Bescheid wissen, was sich in deinem Leben abspielt, weil ich weiß, dass du gut allein zurechtkommst.« Falls Staub und Schmutz überhand nehmen und Sie in sein Büro eindringen müssen, um dort gelegentlich einmal sauber zu machen, dann melden Sie sich vorher bei ihm an.

❀ ❀ ❀

Adressen, Telefonnummern oder Fotos aus glücklichen Zeiten mit einem anderen »guten Freund«, die achtlos herumliegen oder aufbewahrt werden, können viel Herzeleid und Enttäuschung hervorrufen und das Klima vergiften. Räumen Sie Dinge, die an eine frühere Ehe oder enge Beziehung erinnern, aus dem Weg, damit er spürt, Sie wollen jetzt nur noch zu ihm gehören.

❀ ❀ ❀

Nichts zerstört eine Beziehung schneller als ein bewusster Vertrauensbruch. Ihre Mutter muss nicht wissen, dass Ihr Mann wegen seines Leistenbruchs eine Bauchbinde trägt oder beschlossen hat, sich die Haare zu färben. Und wozu sollten seine Freunde wissen, dass es in seiner Familie einen Hang zum Alkoholismus gibt? Wir sagen so schnell: »Mir kannst du vertrauen«, aber erst wenn wir Geheimnisse wirklich für uns behalten können, kann echtes Vertrauen wachsen.

❀ ❀ ❀

Überlegen Sie sich, wie Sie ihn auf humorvolle Weise daran erinnern können, dass Sie seine Hilfe brauchen oder dass er Ihnen versprochen hat, eine bestimmte Arbeit zu übernehmen. Schreiben Sie einen kleinen Zettel, und verstecken Sie ihn irgendwo, wo er ihn in einer ruhigen Minute finden wird. Hier ein paar Vorschläge:

– Du darfst dir an mir die Füße wärmen, wenn du versuchst, Fluffy heute noch die Wurmpille einzugeben.
– Ich verzichte heute auf mein Stück Torte, wenn du mit mir ausgehst. Wir haben in der letzten Zeit beide viel zu hart gearbeitet.

❀ ❀ ❀

Hat er schon wieder den Hochzeitstag vergessen? Schenken Sie ihm eine Krawatte, auf die Sie das Datum gestickt haben.

❀ ❀ ❀

Wenn er sich (natürlich völlig unbeabsichtigt) auf der Party in ein allzu vertrauliches Gespräch mit Fräulein Wunderbar verwickeln lässt, dann besticken Sie eine einfarbige Krawatte mit den Worten: »Ich bin verheiratet«, und bitten Sie ihn ganz freundlich darum, auf Festen, bei denen auch Fräulein W. anwesend sein wird, diesen Schlips umzubinden.

Monika berichtet: »Manche Streitfragen entzünden sich an ausgesprochenen Kleinigkeiten oder kleinen Macken und gar nicht so sehr an echten Charakterfehlern. Manche Dinge ändern sich deshalb nicht, weil der andere gar nicht merkt, dass er sich anders verhalten könnte. Jan machte sich am Sonntagabend immer selbst belegte Brote, aber er vergaß regelmäßig, danach den Tisch abzuwischen, obwohl ich ihn schon so oft darum gebeten hatte. Schließlich überlegte ich mir, dass ich kaum mehr als fünfundvierzig Minuten meines ganzen Lebens dafür opfern musste, wenn ich es in aller Stille selbst erledigte. Als ich einen Monat später schon zum fünften Mal vergaß, das Auto aufzutanken, und Jan so tat, als hätte er es gar nicht gemerkt, da ging mir auf, wie wichtig es doch ist, wenn man vergeben kann. Wir wollen einander doch gar nicht wehtun.«

❀ ❀ ❀

Versuchen Sie, vorauszudenken oder sich in den anderen hineinzuversetzen. So können Sie manchen Konflikt vermeiden. Eine kluge Frau erzählt: »Meinem Mann ging es nicht gut. Er hatte eine kleinere Operation hinter sich, und außerdem war kürzlich ein naher Familienangehöriger gestorben. Unsere lebhaften Kinder wollten sich wie üblich auf ihn stürzen, als er völlig erledigt von der Arbeit kam. Da ich früher als er nach Hause komme und dadurch Zeit habe, mich schon etwas zu erholen, dachte ich, es wäre eine gute Idee, die beiden Kleinen irgendwie zu beschäftigen. Manchmal gehe ich mit ihnen in den Park, damit sie sich dort austoben können. Bill hat mir schon mehrmals gesagt, wie gut es ihm tut, nach dem anstrengenden Arbeitstag das Haus erst einmal für sich ganz allein zu haben.«

❀ ❀ ❀

Sagen Sie ihm, wie sehr Sie es schätzen, dass er ein so guter Vater ist. Wenn Sie ihm gern zusehen, wie er jeden Abend mit Ihrem Sohn in der Einfahrt spielt, dann sagen Sie es. Wenn es Ihnen Spaß macht, wie er die »fantastischen Geschichten« Ihrer Siebenjährigen mit seinem letzten Markstück belohnt oder ihr jeden

Sonntagabend selbst eine Geschichte erzählt, bevor er sie ins Bett bringt, dann sagen Sie ihm das.

❀ ❀ ❀

Nehmen Sie für ihn die Sportsendung auf Video auf, falls er so viel zu tun hat, dass er die Übertragung nicht live verfolgen kann.

❀ ❀ ❀

Überraschen Sie ihn mit dem Angebot, eine ungeliebte Arbeit für ihn zu übernehmen. »Lass mich einmal ran«, sagte eine Frau zu ihrem arbeitslosen Ehemann, der eines Tages völlig resigniert vor den Stellenanzeigen saß und Bewerbungen verfasste. »Geh du in der Zeit ein bisschen raus an die Luft.« Sie tippte für ihn die Anschreiben, adressierte die Umschläge, brachte die Kinder in den Sportverein, fuhr mit dem Auto in die Waschanlage oder brachte es in die Werkstatt, rupfte im Garten das Unkraut, telefonierte mit seiner Schwester und brachte für ihn die Bücher zurück in die Bücherei.

❀ ❀ ❀

Muss er Überstunden machen, um die Berge von Arbeit im Büro abzuarbeiten, so packen Sie ihm ein »Survival«-Paket, um ihm die Zeit zu versüßen. Legen Sie ein paar Beutel Instantkaffee hinein, Kaffeesahne, Sandwiches oder Müsliriegel, Obst, Getränketüten, Nüsse oder was er sonst so mag. Wahrscheinlich liegen Sie schon im Bett, wenn er heimkommt. Deshalb schreiben Sie ihm einen Zettel, dass im Kühlschrank sein Lieblingsdessert auf ihn wartet, oder versprechen Sie ihm eine »gute Nacht« (was immer das für Sie bedeutet), wenn alles wieder in normalen Bahnen läuft.

Joe und ich arbeiten zu verschiedenen Zeiten. Wenn ich aus der Schule nach Hause komme, ist er gerade zu seiner Nachmittagsschicht aufgebrochen, die von drei bis elf Uhr geht. Es ist nicht einfach, aber wir brauchen das Geld, weil wir ein Haus kaufen wollen. Eines Nachmittags, als ich kurz nach vier nach

Hause kam, hörte ich Joes Stimme, obwohl ich genau wusste, dass er eigentlich an der Arbeit sein musste. »Hallo Schatz, ich bin's. Ich wollte dir nur sagen, dass ich dich liebe.« Mein toller Mann hatte aufs Band gesprochen und den Rekorder so eingestellt, dass das Band lief, als ich nach Hause kam. Er hatte noch mehr aufgenommen. Er sagte mir, ich solle nicht vergessen, dass wir in einem Jahr um diese Zeit in unserem eigenen Haus wohnen würden und dann vielleicht daran denken könnten, weniger zu arbeiten oder einen anderen Job zu suchen. Ich ließ das Band dreimal ablaufen, denn ich weiß genau, wie sehr ihm unsere gemeinsamen Abende fehlen. Vielleicht nehme ich auch einmal etwas auf und lasse es ablaufen, wenn er morgens im leeren Haus aufwacht.

❀ ❀ ❀

Die Woche war hart. Der ganze Monat war anstrengend. Er ist gereizt und angespannt. Nehmen Sie ihm bestimmte Dinge ab, damit er zur Ruhe kommen und entspannen kann. Gehen Sie für ihn ans Telefon, lehnen Sie nicht allzu wichtige Einladungen ab. Reden Sie mit den Kindern, damit auch sie lernen, Rücksicht zu nehmen und nicht allzu laut herumzutoben, wenn er ganz erschöpft nach Hause kommt. Fragen Sie ihn, wie Sie ihm helfen können, damit er trotzdem Zeit zum Beten findet und zur Ruhe kommen kann.

❀ ❀ ❀

Damit das Leben seinen gewohnten Gang gehen kann, brauchen Sie genügend persönlichen Freiraum. Eine kluge Frau, die sich bemühte, Arbeit, Haushalt und Kindern gerecht zu werden, sprach mit ihrem Mann ganz offen über das Problem, dass sie eine bestimmte Zeit für sich allein brauchte. Er ging darauf ein und sagte, er werde den Timer für die Kaffeemaschine eine Dreiviertelstunde eher einschalten. Der frische Kaffeeduft hilft ihm nun beim Aufstehen, und er kümmert sich um die Kinder und macht ihnen das Frühstück, während seine Frau in dieser Zeit tun kann, was sie mag. »Mein ganzer Tagesablauf hat sich dadurch zum Positiven verändert«, sagt sie. »Es ist, als würde er dadurch zu mir sagen: ›Du bist auch wichtig‹, und ich bin dadurch viel mehr motiviert, anderen in der Familie einen Gefallen zu tun.«

Eine Ehefrau berichtet: »Mein Mann und ich haben beide eine sehr anspruchsvolle Stelle. Aber als Lehrer kommt er ein paar Stunden vor mir nach Hause und hat erst mal seine Ruhe. Nachdem ich acht Stunden in der hektischen Werbeagentur hinter mir habe und mich noch eine Stunde zwischen Lastwagen und Möchtegern-Rennfahrern durch den Verkehr gekämpft habe, bin ich fix und fertig. Lange Zeit haben wir uns an den Abenden ständig in den Haaren gelegen, bis ich endlich darauf gekommen bin, woran das lag. Bis ich nach Hause kam, war Tim frisch und ausgeruht und hatte Lust zum Reden. Ich aber nicht. Ich wollte nur meine Ruhe, absolute Stille und manchmal ein Aspirin. Ich brauchte eine Ecke, die nur mir gehörte und in die ich mich zurückziehen konnte.

Nachdem wir darüber geredet hatten, warum wir uns ständig stritten, kamen wir überein, dass ich, wenn ich zur Tür hereinkomme, erst einmal direkt in mein Zimmer gehen und eine ganze Stunde für mich sein darf. Manchmal lege ich mich aufs Bett; manchmal lege ich eine CD auf, und manchmal nehme ich auch erst einmal ein schönes Schaumbad. Danach fühle ich mich wie neugeboren und kann viel liebevoller auf Tim eingehen. Unsere Streitereien haben aufgehört, und unsere Gespräche sind interessanter geworden. Meine Aggressivität ist verschwunden. Die Lösung war so einfach, dass wir uns schon oft gefragt haben, warum wir nicht viel früher darauf gekommen sind.«

❀ ❀ ❀

Auch so entsteht ein Gefühl des Einsseins: Nehmen Sie sich ganz bewusst Zeit für das Gespräch mit Ihrem Partner. Reden wird nicht unbedingt als eine freundliche Geste betrachtet, aber mit einem guten Gespräch lassen Sie den anderen nicht nur auf unkomplizierte Weise wissen »Ich liebe dich«, sondern Sie schaffen damit auch, nachdem Sie den ganzen Tag oder sogar die Woche hindurch getrennt waren, eine neue Verbindung. Schließlich sind Sie ein Team. Deshalb geben Sie sich nach einer Woche voller Sorgen oder dem ständigen Hickhack mit den Kindern doch die Chance, das Zusammengehörigkeitsgefühl wieder neu zu stärken. Unternehmen Sie einen ausgedehnten Spaziergang, oder setzen Sie sich zum Plaudern auf die Terrasse, oder hören Sie sich gemeinsam Ihre Lieblings-CDs an, wenn die Teenager am Freitagabend mit Freunden Ausgang haben. Führen Sie, falls nötig, neue Regeln ein, damit die Kleineren früher ins Bett gehen (Sie müssen dabei vielleicht zu ein paar Tricks und Überredungskünsten Zuflucht nehmen: »Ihr dürft im Bett noch lesen.«). Dann haben Sie Zeit und Ruhe, um ungestört die anstehenden Probleme zu besprechen oder sich über frohe Ereignisse auszutauschen.

❀ ❀ ❀

Bemühen Sie sich, ihn nicht zu stören, wenn er liest oder sich auf irgendetwas zu konzentrieren versucht. Was Sie sagen wollen, kann sicher ein Weilchen warten.

❀ ❀ ❀

Stellen Sie einen »Veto«-Gutschein aus, der es Ihrem Liebsten erlaubt, einem ungeliebten Anlass einmal fernzubleiben – der Weihnachtsfeier in Ihrem Büro, dem Elternabend, dem Theater, dem Großeinkauf, dem Abschlusskonzert Ihrer Tochter oder wenn Sie im neuen Haus die Vorhänge aufhängen. Er braucht nur den Gutschein abzugeben, um sich mit Anstand aus der Affäre zu ziehen. Ihre Aufgabe ist es, den Anlass ohne ihn über die Bühne zu bringen oder eine plausible Entschuldigung zu finden, damit Sie ebenfalls zu Hause bleiben können.

❀ ❀ ❀

Wenn Sie am Morgen als Erste aufstehen, dann decken Sie ihn noch einmal vorsichtig zu. Das tut so gut!

Einander verwöhnen

Eine Frau, die schon dreißig Jahre verheiratet ist, erzählte mir: »Es ist etwas sehr Schönes, einander etwas Gutes zu tun oder uns zu verwöhnen, wie die Kräfte es zulassen – auch wenn es nur ganz kleine Dinge sind.« Hier ein paar ihrer »kleinen Gedanken«:

❀ ❀ ❀

Machen Sie es sich zur Angewohnheit, ein paar Minuten, bevor er kommt, die Haustür aufzuschließen, damit er nicht umständlich die Tasche oder den Werkzeugkasten oder die Pakete abstellen und nach dem Schlüssel suchen muss.

❀ ❀ ❀

Wenn Sie Auto fahren, dann schließen Sie zuerst auf der Beifahrerseite auf und halten ihm die Tür auf, bevor Sie sich ans Steuer setzen.

❀ ❀ ❀

Sorgen Sie dafür, dass er eine Sicherheitsausrüstung im Auto hat – eine Taschenlampe, eine Decke und eine warme Jacke und im Winter eine kleine Schaufel zum Schneeschippen. Vielleicht braucht er die Sachen nie, vielleicht nur ein einziges Mal. Sie zeigen ihm auf jeden Fall damit, dass Sie sich um ihn sorgen.

❀ ❀ ❀

Schlagen Sie abends das Bett für ihn auf. Falls Sie eine elektrische Heizdecke haben, vergessen Sie nicht, auch seine Seite vorzuheizen.

❀ ❀ ❀

Wenn er nach einem besonders anstrengenden Tag nach Hause kommt, bereiten Sie ihm ein angenehmes, warmes Schaumbad vor. Legen Sie frische Handtücher zurecht und vielleicht etwas zum Lesen.

❀ ❀ ❀

Bringen Sie seine Adresskartei oder sein Adressbuch auf den neusten Stand, denn er selbst wird vermutlich nicht dazu kommen.

❀ ❀ ❀

Sorgen Sie dafür, dass das Konto, soweit es Sie betrifft, ausgeglichen ist und der Benzintank immer voll.

❀ ❀ ❀

Überraschen Sie ihn hin und wieder mit einem exquisiten Abendessen bei Kerzenschein.

❀ ❀ ❀

Kratzen Sie an einem kalten Wintermorgen die Scheiben seines Autos frei.

❀ ❀ ❀

Sorgen Sie dafür, dass er am Samstag als Erster die Seite mit den Comics und den Sportteil in die Hände bekommt. Ja, noch vor den Kindern!

❀ ❀ ❀

Wie alt ist er? »Ich stecke immer Kerzen in Form eines Fragezeichens auf die Geburtstagstorte«, erzählt Martha. »Es geht keinen etwas an, wie alt er wirklich ist, vor allem, wo er sowieso zehn Jahre jünger aussieht.«

❀ ❀ ❀

Weil das Leben voller Hektik und Termine ist, können kleine Probleme ein ungeheures Gewicht gewinnen. Vielleicht ist er Trainer bei der Juniorenmannschaft, und sein Team hat wieder einmal haushoch verloren. Hat er Rückenschmerzen, eine Pflanzenallergie oder einen Hautausschlag? Eine Prise Humor kann hier helfen, und ein Lachen kann Wunder wirken. Schicken Sie ihm eine lustige Karte, um ihn aufzumuntern. Es gibt genug Grußkarten für alle Lebenslagen.

Von Inge: »Ich versuche, meinen Mann nicht mit meinen privaten Projekten zu belasten. Wenn ich meine, ich müsste den barmherzigen Samariter spielen und eine alte Frau zum Gottesdienst abholen, und er hat keine Lust dazu, dann lasse ich es. Vielleicht klappt es später einmal. Es hat sich gezeigt, dass es oft viel besser ist, wenn ich die ältere Frau einmal zu einem Mittagessen und einem guten Gespräch von Frau zu Frau einlade.«

Schauen Sie sich an, und berühren Sie sich!

Leider hören manche lang verheirateten Ehepaare irgendwann auf, einander zu berühren, außer wenn ihnen nach Sex zumute ist. Überschütten Sie ihn doch einfach einmal mit Küssen und Umarmungen. Damit sagen Sie ihm: »Ich freue mich, dass du du bist.« Sie zeigen ihm, dass sie ihn dafür lieben, dass es ihn gibt. Eine Psychologin brachte in einer Umfrage Überraschendes zutage. Sie fand heraus, dass Männer sich nach nichts so sehr sehnen wie nach Zärtlichkeiten von ihrer eigenen Frau. Und die Frauen? Sie möchten sich angenommen und bestätigt wissen. Beide wünschen sich Nähe und Berührungen. Vielleicht war es in Ihrer Familie nicht üblich, Zärtlichkeiten auszutauschen oder einander zu berühren, aber Sie können es lernen, kleine Gesten einzuüben, die körperliche Vertrautheit und Nähe signalisieren. Hier ein paar Vorschläge von anderen Ehepaaren:

Obwohl Sie kein Morgenmensch sind, können Sie Ihrem Liebsten einen schnellen Guten-Morgen-Kuss auf die Wange hauchen oder ihn leicht berühren, wenn er im Schlafanzug oder mit der Kaffeetasse in der Hand an Ihnen vorbeischleicht.

❀ ❀ ❀

Kommen Sie noch einmal zurück in die Wohnung, um ihm einen zweiten Abschiedskuss zu geben, oder drehen Sie sich noch einmal um, und werfen Sie ihm einen Kuss zu. Und vergessen Sie nicht, alle Küsse aufzufangen, die er Ihnen schickt.

❀ ❀ ❀

Legen Sie einen Arm um ihn, oder haken Sie sich ein, wenn Sie in einer Schlange warten müssen. Drücken Sie beim Gebet seine Hand. Besiegeln Sie Ihr Gebet mit einem Lächeln und einem kleinen Kuss.

❀ ❀ ❀

Zwei Menschen, die einander so vertraut sind wie Sie beide, können sich über den Arm oder die Wange streichen, wenn sie etwas Nettes sagen. Suchen Sie auch immer wieder den Blick Ihres Partners.

❀ ❀ ❀

Sie können dem anderen beim Vorbeigehen schnell den Rücken kraulen. Knabbern Sie ihn am Ohr, oder setzen Sie sich auf seinen Schoß. Zwicken Sie ihn in die Nase. Es wird niemandem auffallen, dass Sie sich in der Kirchenbank oder bei einem Konzert eng an ihn schmiegen.

❀ ❀ ❀

Eine lange Umarmung, bei der Sie sich auch streicheln, ohne gleich sexuelle Hintergedanken zu hegen, kann schon genügen, um den Wunsch nach Nähe und den Hunger nach Hautkontakt, den die oben erwähnte Psychologin festgestellt hat, zu befriedigen. Halten Sie sich ganz lange in den Armen, auch wenn Ihre Eltern das nie getan haben. Schmusen Sie so lange, wie es Ihrem Partner wohl ist. Falls Ihr Mann Sie nicht lange genug festhält, sagen Sie ihm, dass Sie noch mehr wollen.

❀ ❀ ❀

Halten Sie Händchen, wenn Sie die Straße überqueren oder vom Auto ins Haus gehen oder Sie miteinander beten. Berühren Sie sich unter dem Tisch mit den Knien, und blicken Sie sich dabei tief in die Augen, lassen Sie sich neben ihm in die große Hängematte plumpsen, und schaukeln Sie mit ihm im Gleichtakt, oder setzen Sie sich neben ihn auf die Veranda, um die Abendluft zu genießen.

Miteinander reden

Ein Therapeut berichtet von einer Frau, die wie unter Schock zu ihm in die Praxis kam und erklärte: »Mein Mann will mich verlassen. Als er von der Arbeit nach Hause kam, hat er mir gesagt, unsere Ehe sei öde und langweilig und hoffnungslos geworden und er habe sich ein Ein-Zimmer-Apartment gesucht. Sicher, in der letzten Zeit hatten wir beide viel zu viel zu tun, um uns einmal hinzusetzen und miteinander zu reden, aber damit hatte ich nicht gerechnet. Ich hatte das Gefühl, bei uns sei alles in Ordnung. Was ist bloß passiert?«

Ihre Ehe steht vielleicht nicht kurz vor dem Kollaps, aber wie leicht können Kleinigkeiten zum großen Problem werden und gesunde Ehen erkalten, weil die Nähe nicht auch im gemeinsamen Gespräch gesucht wird oder beide ihr Innerstes vor dem anderen verbergen. Hier ein paar Tipps, wie Sie offener werden können:

❀ ❀ ❀

Nachdem der Abwasch erledigt ist und die Kinder bei den Hausaufgaben sitzen oder im Bett sind, schenken Sie sich eine zweite Tasse Kaffee ein, und reden Sie miteinander über den vergangenen Tag. Die Tasse in der Hand verhindert, dass Sie gleichzeitig versuchen, die Wäsche zusammenzulegen, mit der Fernbedienung für den Fernseher herumzuspielen oder den Hund zu kraulen.

Lassen Sie sich etwas einfallen. Ziehen Sie das Kaffeetrinken in die Länge, indem Sie die Kanne mit ins Schlafzimmer nehmen oder hinaus auf den Balkon, um die Abendsonne zu genießen. Aus bislang noch nicht erforschten Gründen entwickeln sich oft gerade in der Dämmerung die besten Gespräche.

❀ ❀ ❀

Fällt Ihnen kein Gesprächsthema ein? Fordern Sie ihn doch auf, Ihnen von seinem Tag zu erzählen, und fragen Sie ihn besonders nach irgendwelchen schönen Erlebnissen. Oder überraschen Sie ihn damit, dass Sie ihn bitten, einmal fünf Dinge zu nennen, die er im Laufe des nächsten Monats gern in der Wohnung oder ums Haus herum getan hätte. Versprechen Sie ihm, sich eines nach dem anderen vorzunehmen. Am schönsten wäre es natürlich, wenn Sie alle fünf Dinge erledigen könnten!

❀ ❀ ❀

Fragen Sie ihn, was Sie tun könnten, damit Ihr Verhältnis noch besser wird und er wirklich glücklich sein kann. Damit haben Sie bestimmt seine ungeteilte Aufmerksamkeit! Manche Veränderungen, die er vorschlägt, liegen wahrscheinlich nicht in Ihrer Macht. Aber Sie können ihm versprechen, Ihr Möglichstes zu tun. Schon allein die Tatsache, dass Sie ihn fragen, zeigt ihm, dass er Ihnen wichtig ist, und hilft bestimmt, ein gutes Gespräch in Gang zu bringen.

❀ ❀ ❀

Ihrem Märchenprinz ist heute vielleicht gar nicht so märchenhaft zumute. Vielleicht ist er kurz angebunden und klingt etwas schnippischer als sonst, und Sie haben keine Ahnung, was los ist. Finden Sie heraus, warum er schlechte Laune hat. Ihre »kleine Geste« besteht vielleicht einfach darin, dass Sie versuchen, ihm mit Rücksicht und Verständnis zu begegnen. Ein friedliches, stressfreies Zuhause nach einem langen Arbeitstag ist ein wunderbares Geschenk. Wenn Sie das Gefühl haben, er wolle sich einmal aussprechen, können Sie ihn dazu ermutigen, indem Sie etwa sagen: »Du bist heute so still. Möchtest du gern darüber reden, was dich beschäftigt?«, oder: »Ich habe das Gefühl, dich bedrückt etwas. Wenn du möchtest, können wir gern darüber beten.« Manchmal sind auch gar keine Worte nötig, und es reicht schon eine kleine, zärtliche Berührung oder ein Kuss.

6

Was macht die Liebe?

Ehe und Erotik – ein Widerspruch?

Jene paar wenigen Jahre haben H. und ich
in Liebe geschwelgt; in jeder Form: ernst und heiter,
romantisch und realistisch, manchmal dramatisch
wie ein Gewitter, manchmal behaglich und schlicht,
als ziehe man die weichen Pantoffeln an.
An Herz und Leib blieb nichts unbefriedigt.

C.S. Lewis im Rückblick auf seine Ehe

Wie steht es um Ihr Liebesleben?

Ein paar prüde und verbohrte Menschen haben mich gefragt, ob es unbedingt nötig sei, ein so pikantes Kapitel in mein Buch zu nehmen. Wozu die Tipps zu Liebe und Erotik (auch wenn der Rahmen des guten Geschmacks dabei nicht gesprengt und durchaus die Form gewahrt wird)? Dass aus den einstmals sprühenden Funken in der Ehe oft nur ein leises Glimmern wird, hat viele Gründe. Freude an der Sexualität, ein gesundes und erfülltes Geschlechtsleben, das mit jedem Tag besser wird, kann durchaus dazu beitragen, die Liebe zu erhalten. Eine glückliche Ehe muss nicht das Ende aller erotischen Fantasien bedeuten. Und auch der Glaube an Gott braucht kein Hindernis zu sein.

In der Zeitschrift *Focus on the Family* schreibt James Dobson: »Wir müssen uns bemühen, das, ›was Gott zusammengefügt hat‹, mit Fantasie und Einfühlungsvermögen zu schützen und zu bewahren. Das geschieht (unter anderem) dadurch, dass wir uns trotz dringender Verpflichtungen und überfüllter Terminkalender Zeit nehmen für romantische Stunden.«

Ein Ehemann schreibt: »Manchmal ist unser Leben zu hektisch oder zu normal oder zu geschäftig. Der graue Alltag mit Kindern, Haushalt, Fahrgemeinschaft, Stress im Büro und einem schweren Gesundheitsproblem legt sich auf uns wie eine schwere Decke. Manchmal haben wir das Gefühl, zwischen uns stünde eine Mauer. Aber wenn wir guten Sex miteinander haben, dann finden wir wieder zusammen. Es geschieht etwas Wunderbares. Wir werden wieder ein Fleisch, wie die Bibel es sagt. Und wir bekommen neuen Mut, um weiterzumachen.«

Die Welt der Ratgeber zu sexuellen Themen scheint überzuquellen von Büchern wohlmeinender Therapeuten, die selbst, wie manche behaupten, unter allen Berufsgruppen die schlechtesten Ehen führen; auch fehlt es nicht an Wissenschaftlern und Forschern, die uns unpersönliche Zahlen präsentieren und uns mit der »statistischen Norm« vergleichen, was immer das sein mag. In Talkshows geben die Moderatoren vor Millionen von Zuschauern ihre pseudopsychologischen Sprüche zum besten und versuchen, in die seelischen Abgründe ihrer manchmal mehr als langweiligen Gäste einzudringen. Anhänger des New-age verbreiten ihre wilden oder wolkigen Ideen in Büchern, die verschlungen werden, als verkündeten sie noch nie Dagewesenes. Vielleicht brauchen wir statt dessen viel mehr vernünftige und ganz praktische Ideen, wie ich sie in diesem Kapitel vorzustellen versuche – direkt aus dem Leben von Männern und Frauen in gesunden Beziehungen. Bewährte Ehepaare geben uns Einblick in »bunte und berauschende« Praktiken und verraten uns, wie ihr Geschlechtsleben fröhlicher, verspielter und ausgelassener wird.

Darum finden Sie in diesem Kapitel eine bunte Auswahl an gesunden und manchmal auch gewagten Anregungen, die Ihnen helfen können, das Gefühl der Erotik zurückzubringen – die Ausgelassenheit, die Neckereien und Spielereien, das Versteckspiel und die Überraschungen – all jene Gefühle, die Sie vermutlich in den ersten Jahren Ihrer Ehe erlebt und ausprobiert haben. Wenn Ihnen einige der Vorschläge zu frech oder unzüchtig vorkommen, nun, kein Grund, um rot zu werden. Wer will, kann sich natürlich in Schuldgefühlen ergehen. Aber das Eheleben soll Spaß machen, und Sexualität gehört nun einmal dazu. Planen Sie einen Ausflug. Es lässt sich sicher einrichten, dass die lieben Kleinen, die Ihren Haushalt inzwischen bevölkern, ausnahmsweise bei Ihrer besten Freundin übernachten oder bei der Großmutter. Vielleicht können Sie sie in ein Ferienlager schicken, damit Sie Ihre Träume wahr machen und einmal ganz ungestört mit Ihrem Partner zusammen sein können.

Anmerkung: Wählen Sie nur die Vorschläge aus, die zu Ihnen und Ihrem Partner passen, und natürlich werden Sie morgen nichts davon im Büro erzählen!

❀ ❀ ❀

Denken Sie sich ein geheimes Zeichen aus, das bedeutet: »Ja, ich will«:

- Legen Sie eine Rose auf sein Kopfkissen.
- Kleben Sie einen »Smiley«-Sticker an die Kühlschranktür.
- Schlagen Sie eine Runde Strip-Poker vor.
- Besticken Sie ein Kuschelkissen mit einem riesigen Ausrufezeichen oder den Worten »Heut hab ich Lust«, und legen Sie es auf das Bett, wenn Sie eine verheißungsvolle Nacht planen.
- Legen Sie eines Ihrer liebsten Liebeslieder auf, wenn er zur Tür hereinkommt.
- Hängen Sie ein Schild an die Schlafzimmertür. Hier ein paar Vorschläge:
- Heute Sonderangebot für Ehepaare.
- Gut aussehender Mann gefragt. Bitte eintreten.
- Heute freier Eintritt im Massagesalon.
- Willkommen im Nachtklub.
- Wie wär's mit heute Abend?

❀ ❀ ❀

Da es heute Abend mit Sicherheit nicht »Business as usual« heißt, bringen Sie seinen Stoffwechsel schon tagsüber ein bisschen auf Touren, und rufen Sie ihn ein paar Mal am Tag an, um ihn darauf hinzuweisen.

❀ ❀ ❀

Sollen die anderen doch *Tss-tss-tss* flüstern, bis sie schwarz werden. Sie sind es leid, sich immer nur am Esstisch über den Hochstuhl und kleine, klebrige Händchen hinweg in die Augen zu sehen, während die Unterhaltung um aufgeschlagene Knie kreist und ob der Fußballverein nun einen Platz vorgerückt ist oder nicht. Schicken Sie ihm eine Einladung für einen intimen Abend zu Hause – ohne Kinder – in sein Büro. Streichen Sie die Bedeutung des Anlasses heraus, indem Sie den Abend mit rotem Marker in seinem Terminkalender anstreichen oder ein kleines Herzchen daneben kleben. Fragen Sie ihn, ob er besondere Wünsche hat, und planen Sie den Abend gemeinsam. Oder geben Sie ihm einen Gutschein für »Spiel und Spannung«, auf dem er drei Wünsche eintragen kann. Natürlich bereiten Sie sich gut auf den Abend vor. Vielleicht kaufen Sie eine Flasche Körperöl und eine neue CD. Dann hängen Sie ein Schild an die Wohnungstür, auf dem steht »Heute geschlossen«. Auf dem Schild für die Schlafzimmertür heißt es ganz einfach »Privat«. Vergessen Sie nicht, den Telefonstecker herauszuziehen und die Rollläden herunterzulassen. Wie es weitergeht? Streng geheim!

❀ ❀ ❀

Stecken Sie eine verheißungsvolle Botschaft, die nur für seine Augen bestimmt ist, in ein kleines Päckchen mit Süßigkeiten oder in einen selbst gebackenen Minikuchen. Schicken Sie die Kinder mit dem Nachtisch vor den Fernseher, damit Sie beide die süße Überraschung bei einer Tasse Kaffee allein miteinander genießen können.

❀ ❀ ❀

Stellen Sie einen Gutschein für zärtliche Stunden zu zweit aus, der »nach Bedarf« eingelöst werden kann. Legen Sie ihn in einem verschlossenen Umschlag auf seinen Schreibtisch, oder schicken Sie ihn ihm ins Hotel, falls er ein paar Tage beruflich unterwegs ist. Sicher ist er abends voll gespannter Erwartung. Oder noch besser – vielleicht können Sie ihn überraschend in seinem Hotel besuchen, damit er den Gutschein gleich einlösen kann.

❀ ❀ ❀

Überreichen Sie ihm einen Umschlag mit »Liebes-Zertifikaten«. Jedes enthält eine Idee für eine gemeinsame Nacht. Lassen Sie ihn eines auswählen. So können Träume und Fantasien wahr werden.

❀ ❀ ❀

Machen Sie sich für ihn zurecht. Ziehen Sie etwas Besonderes an – oder ziehen Sie sich aus. Das ist Ihr neuer, kreativer »Nach-fünf-Uhr-abends«-Look.

❀ ❀ ❀

Wenn Sie zusammen im Restaurant sitzen, spielen Sie ein Weilchen unter dem Tisch mit Ihren Füßen und flüstern dann: »Komm, lass uns aufbrechen und sehen, was wir zu Hause anrichten können.«

❀ ❀ ❀

Streuen Sie eine Konfettispur von der Haustür zum Schlafzimmer. Oder schaffen Sie mit Wegweisern aus Kerzen, Papierherzen, Duftstäbchen oder Ihrer erotischen Unterwäsche eine romantische Stimmung. Das fällt einem Mann sofort auf.

❀ ❀ ❀

Falls er vor Ihnen nach Hause kommt, hinterlassen Sie ihm auf dem Telefonbeantworter eine verführerische Nachricht, die über Ihre Absichten keinen Zweifel aufkommen lässt.

❀ ❀ ❀

Wenn er zur Tür hereinkommt und ruft: »Ich bin da!«, dann erwidern Sie: »Ich auch! Komm, such mich!« Sie hatten natürlich Zeit genug, um die Verwandlung von Hausfrau und Mutter zu Claudia Schiffer gründlich vorzubereiten, und warten in der Wanne in einem duftenden Schaumbad (dieser Schachzug ist besonders raffiniert gewählt!) und brauchen nun jemanden, der Sie abtrocknet.

❀ ❀ ❀

Wenn Sie hören, wie er unter der Dusche steht, dann stellen Sie sich vor die Tür und erklären ihm, Sie hätten heute Abend Zimmerdienst. Dazu gehört, dass Sie ihm ein paar vorgewärmte Handtücher reichen. Noch besser ist es, wenn Sie ihn daran erinnern, wie wichtig es gerade in der heutigen Zeit bei all den Umweltproblemen ist, Wasser zu sparen, und sich darum zu ihm gesellen. Er hat bestimmt nichts dagegen, und Sie werden sehen, wie das Duschen für beide zum quietschenden Vergnügen wird.

❀ ❀ ❀

Dekorieren Sie das Badezimmer zur Abwechslung einmal so, wie es die Illustrierten immer zeigen. Stellen Sie Stielgläser hin, legen Sie für »ihn und sie« die Wäsche zurecht, dazu passende Waschlappen und Handtücher mit Monogramm, Puder, Seife in Herz- oder Blütenform, duftende Lotionen und Getränke, und zünden Sie ein paar Kerzen an. Damit es noch romantischer wird, können Sie sich als Mätresse verkleiden und ihm erklären, dass Sie ihm zur Erfüllung aller Wünsche zur Verfügung stehen.

❀ ❀ ❀

Schicken Sie ihm an seinem Geburtstag oder irgendeinem anderen Tag ein halbes Dutzend rote Rosen ins Büro »von einer heimlichen Verehrerin«. Sollen die Sekretärinnen doch tuscheln. Auf dem anhängenden Kärtchen heißt es: »Ich gehöre zwar nicht zu den Frauen, die ..., aber ...« Abends können Sie beiläufig fragen: »Na, wie war's heute. Ist irgendetwas Besonderes passiert?« Seine Antwort gibt sicher Anlass zu angeregter Unterhaltung, und vielleicht erkennt er ja Ihre Absicht.

❀ ❀ ❀

Spielen Sie Theater. Heute Abend sind Sie Julia, und er ist Ihr Romeo. Oder schlüpfen Sie lieber in die Rolle der Scarlett? Ist er Ihr Rhett?

❀ ❀ ❀

Heute ist Herrenabend (und er braucht dazu nicht einmal das Haus zu verlassen!): Das ist Ihre Chance, einmal all die schönen Bikinis und die schwarze Unterwäsche – die mit der kratzenden Spitze, die sonst immer zuunterst in der Schublade liegen bleibt – vorzuführen. Sie geben heute eine Privatvorstellung. Oder versuchen Sie, ihn mit besonders gewagten Kombinationen zum Lachen zu bringen. Geben Sie Ihrer Modenschau einen professionellen Anstrich, indem Sie im Hintergrund passende Musik laufen lassen, und drücken Sie ihm eine Polaroid-Kamera in die Hand, um die Highlights der Show festzuhalten. Wetten, dass er zweimal hinschaut?! Sollte er die Verfolgung aufnehmen, leisten Sie keinen großen Widerstand.

❀ ❀ ❀

Sagen Sie ihrem Mann, der Strom sei am Nachmittag ausgefallen und Sie müssten den Abend nun bei Kerzenlicht verbringen. Servieren Sie ein üppiges »Candle-light-Dinner«, das Sie natürlich von langer Hand vorbereitet haben, und fragen Sie ihn, ob er irgendwelche Vorschläge habe, wie Sie den Abend gestalten könnten, da Fernsehen oder Zeitunglesen ja nicht in Frage kommen. Egal, ob ihm etwas einfällt oder nicht, tragen Sie zum Nachtisch die herzförmige Torte auf oder den Kuchen, den Sie mit den Worten »Ich will« verziert haben. Die Kerzen flackern, es wird immer dunkler im Zimmer und dann – nun, das ist Ihre Sache.

❀ ❀ ❀

Schenken Sie ihm einen durchsichtigen Luftballon, in den Sie vorher einen Zettel hineingeschoben haben, auf dem es heißt: »Heiße Nacht für zwei in der Gartenstraße 5. Beginn: heute Abend um 7.« Überreichen Sie ihm einen Garantieschein für einen perfekten Service.

❀ ❀ ❀

Sagen Sie ganz einfach: »Ich liebe dich. Ich brauche dich. Ohne dich kann ich nicht leben.«

❀ ❀ ❀

Überreichen Sie ihm den Schlüssel zu einem Hotelzimmer, das Sie für die Nacht reserviert haben. Sagen Sie ihm, dass das Fest um sieben beginnt – und bieten Sie ihm an, ihn hinzufahren.

❀ ❀ ❀

Stellen Sie ein Foto von sich selbst auf mit einer kleinen Karte, auf die Sie in Ihrer schönsten Schrift gemalt haben: »Mach mich heut an!« Oder laufen Sie mit einem riesigen Schlüssel aus Pappe durch die Wohnung. Wenn er Sie fragt, was das bedeuten soll, erklären Sie es ihm.

❀ ❀ ❀

Für kalte Winternächte: Sagen Sie einfach: »Ich habe schon die Heizdecke angeschaltet und eine Flasche Massageöl vorgewärmt, für den Fall, dass du sie brauchst.« Erklären Sie ihm, dass Sie heute ein »zartes Händchen« haben.

❀ ❀ ❀

Lassen Sie sich einwickeln. Nun sind Sie schon zwölf (oder wie viel?) Jahre mit diesem guten und zärtlichen Liebhaber verheiratet. Geben Sie ihm zwölf bunte Satin- oder Spitzenbänder, eins für jedes Jahr, das Sie glücklich verheiratet sind, und erklären Sie ihm, Sie seien heute bereit, sich »fesseln zu lassen«. Das ganze läuft natürlich unter dem Titel »Houdini, der Entfesselungskünstler«! Und die Spielanleitung lautet: »Mit Fantasie und Liebe.« Dann tauschen Sie die Rollen.

❀ ❀ ❀

Schlagen Sie ihm vor, gemeinsam einkaufen zu gehen, um die passende Garderobe für Ihr »Saturday Night Special« auszusuchen. Vergessen Sie nicht, was eine kluge Frau gesagt hat: »Die Seele der Wäsche liegt in ihrer Kürze.«

❀ ❀ ❀

Alternativ-Vorschlag: Heute Abend ist Home-Shopping angesagt. Lassen Sie einen Wäschekatalog oder irgendwelche anderen originellen Angebote kommen, machen Sie es sich, mit ein paar Knabbereien und Kugelschreibern bewaffnet, gemeinsam auf dem Bett bequem, und amüsieren Sie sich bei der Suche nach den verführerischsten Dessous. Damit Sie die richtigen Größen aussuchen, müssen Sie natürlich gründlich aneinander Maß nehmen. Wer weiß, vielleicht vergessen Sie darüber sogar, die Bestellung aufzugeben …

❀ ❀ ❀

Stellen Sie eine Kassette zusammen, und stecken Sie sie ihm als Überraschung in seinen Walkman. Versprechen Sie ihm, dass Sie am Abend für ihn die Sterne vom Himmel holen wollen. Sagen Sie ihm, Sie bräuchten ein wenig Training. Ob er Ihnen wohl helfen könnte? Erklären Sie ihm, wie. Wetten, dass er rot wird?

❀ ❀ ❀

Kleben Sie ein paar aufreizende Worte an Schokoladentafeln oder Kekstüten, und lassen Sie sie möglichst auffällig herumliegen.

❀ ❀ ❀

Flüstern Sie ihm sehnsüchtige Komplimente ins Ohr, oder schreiben Sie sie auf kleine Notizzettel, und stecken Sie sie irgendwohin, wo nur er sie finden kann. Ihren Verstand dürfen Sie dabei ruhig einmal aus dem Spiel lassen.

❀ ❀ ❀

Wecken Sie ihn mit einer sanften Massage und vielen Küssen.

❀ ❀ ❀

Gehen Sie unter die Schriftsteller. Sie können gemeinsam Ihre eigene, private Anleitung zum sexuellen Erfolg verfassen. Nur keine falsche Scheu. Ihre *Anleitung für Ehepaare* kann ein ganz überraschender Erfolg werden. Vielleicht nicht unbedingt finanzieller Art, aber Sie haben bestimmt viel Spaß, später laut daraus vorzulesen.

❀ ❀ ❀

Machen Sie es sich gemeinsam im Bett bequem, und erfinden Sie Ihre eigene aufregende Liebesgeschichte. Wie Sie anfangen? Wie bei jeder guten Geschichte: »Es waren einmal ein Mann und eine Frau, die hießen Vera und Jakob [das sind Sie beide]. Sie liebten sich sehr und ...« Nun muss er sich einen Schluss einfallen lassen und einen neuen Satz beginnen. Dann sind Sie wieder an der Reihe. Alles ist erlaubt, selbst die verrücktesten Ideen. Lassen Sie Ihre Fantasie spielen, bringen Sie einen Hauch Erotik hinein, ganz, wie Sie es mögen.

❀ ❀ ❀

Schwelgen Sie in Erinnerungen. Wissen Sie noch, wie es damals war, als Sie anfingen, miteinander zu gehen? Was waren das für Gefühle! Wie aufregend war es, dem anderen tief in die Augen zu blicken. Was haben Sie damals alles geträumt, wie ist Ihre Fantasie mit Ihnen durchgegangen! Welche Vorstellungen hatten Sie damals von der Liebe? Versuchen Sie doch, alles noch mal aufleben zu lassen. Was haben Sie sich damals erträumt? Was hat sich Ihren Träumen in den Weg gestellt? Versuchen Sie, die schönsten Augenblicke Ihres Liebeslebens noch einmal zu erleben. Schließlich haben Sie sich seitdem nicht allzu sehr verändert, nicht wahr? Sagen Sie Ihrem Mann, dass Ihre Gefühle für ihn inzwischen viel tiefer geworden sind, oder erzählen Sie ihm, welche guten Seiten Sie an ihm entdeckt haben, von denen Sie damals noch nicht einmal etwas ahnten.

❀ ❀ ❀

Bettgeflüster: Kuscheln Sie sich aneinander, und rufen Sie einander die romantischsten Momente Ihres gemeinsamen Lebens in Erinnerung. Jetzt ist der passende Moment, um all die Dinge zu sagen, die jede glücklich verheiratete Frau und jeder Mann so gern hört:

- Verheiratetsein ist schön. Ich kann mir nichts anderes vorstellen, du?
- Ich bin so froh, dass ich dich geheiratet habe. Wir sind wie füreinander geschaffen.
- Kann man überhaupt glücklicher sein als wir?
- Können wir das noch mal probieren?

– Ich habe dich lieber als irgendjemanden sonst.
– Komm, lass uns __________ (Gewünschtes eintragen).

❀ ❀ ❀

Reden Sie ganz ernsthaft über Ihre sexuellen Vorstellungen. Sagen Sie dem anderen, wovon Sie träumen und welche Wünsche sich nicht erfüllt haben. Fragen Sie einander: »Was kann ich tun? Was erwartest du von mir? Was soll ich nicht tun? Zeig mir, wie du es am liebsten hast. Was können wir tun, damit es noch besser wird?« Versuchen Sie, die Fragen so ehrlich wie möglich zu beantworten.

❀ ❀ ❀

Eine etwas ungewöhnliche Methode, das Geschäftsleben aufzulockern: Anne packte eine karierte Tischdecke, Brote, Getränke, Massageöl, Handtücher und eine Decke für die Mittagspause im Rechtsanwaltsbüro ihres Mannes ein. Er grinste, kam hinter seinem Schreibtisch hervor und schloss die Tür ab, als er begriff, was sie vorhatte. Was dann kam, fällt unter die Zensur.

❀ ❀ ❀

Fahren Sie über Mittag aus der Stadt heraus, und planen Sie ein Picknick im Kornfeld oder am Waldesrand! Oder wie wär's zur Abwechslung mit einem Picknick in der Abenddämmerung auf dem Balkon Ihres Reihenhauses?

❀ ❀ ❀

Wie können Sie bleibende Erinnerungen schaffen? Wir wollen hier keine Wunder versprechen. Die folgenden Ideen stammen von Paaren, die auch nach langen Ehejahren noch immer verliebt sind und wissen, dass das Schlafzimmer nicht nur zum Schlafen da ist.

– Besprühen Sie die Bettwäsche mit Ihrem Lieblingsparfüm.
– Schrauben Sie eine blaue Glühbirne in die Schlafzimmerlampe, oder zünden Sie Kerzen an.
– Lassen Sie im Schlafzimmer einen Dimmer installieren.
– Richten Sie das Schlafzimmer neu ein, und machen Sie es zum schönsten Raum der gesamten Wohnung. Sagen Sie ihm, wie wichtig Ihnen dieser Raum ist.
– Musik, Musik! Nehmen Sie Ihre liebsten Liebeslieder vom Radio auf, oder legen Sie die Kuschelrock-CD auf. (Tipp: Ein Rekorder mit doppeltem Kassettendeck oder mit Auto-Reverse-Funktion sorgt dafür, dass die Hintergrundmusik mehrere Stunden lang ohne Unterbrechung läuft. Sie werden ja nicht aufstehen wollen, um die Kassette umzudrehen?)

❀ ❀ ❀

Ziehen Sie sich ins Bett zurück, und kuscheln und schmusen Sie, und lesen Sie sich abwechselnd Liebesgedichte vor (haben Sie selbst welche geschrieben?), oder lesen Sie ein Buch, das Ihrer zärtlichen Stimmung entspricht.

❀ ❀ ❀

Lesen Sie zusammen in der Bibel die Kapitel 5 und 7 aus dem Hohelied der Liebe. Hier eine Kostprobe:

Mein Liebster ist schön und kräftig, unter Tausenden ist keiner so wie er! Sein Gesicht schimmert wie Gold, sein Haar ist rabenschwarz, seine Locken erinnern an die Blütenrispen einer Dattelpalme. Seine Augen sind von vollkommener Schönheit, so wie Tauben, die in Milch baden und aus vollen Bächen trinken. Seine Wangen duften nach Balsamkräutern, nach kostbaren Salben. Seine Lippen leuchten wie rote Lilien, sie sind benetzt mit Myrrhenöl. Seine Arme sind wie Goldbarren, mit Türkissteinen verziert. Sein Leib gleicht einer Statue aus Elfenbein, über und über mit Saphiren besetzt. Seine Beine sind Alabastersäulen, die auf goldenen Sockeln stehn. Eindrucksvoll wie der Libanon ist seine Gestalt, stattlich wie mächtige Zedern. Seine Küsse sind zärtlich, alles an ihm ist wunderschön (5,10-16 – Hfa).

❀ ❀ ❀

Raus aus der Routine

Haben Sie im Garten einen Swimmingpool? Was meinen Sie wohl, wozu er gut sein kann? Hoffentlich haben Sie rundherum auch einen Zaun, der Sie vor fremden Blicken schützt. Oder nehmen Sie eine Stunde Urlaub, und besuchen Sie gemeinsam Ihre private Sauna.

»Mein Mann wollte am Freitag mit ein paar Freunden auf die Jagd gehen. Deshalb beschloss ich, den Donnerstagabend ganz besonders zu gestalten. Als Häuptling Großer Hirsch (mein Kosename für meinen begeisterten Jäger) zur Tür hereinkam, fragte ich ihn, was er davon halte, den Nachtisch noch vor dem Hauptgang serviert zu bekommen. Er meinte, er wolle erst noch ein Bad nehmen, und ich sagte: ›Gut, ich seife dich ein.‹ Sein Gesicht strahlte auf. Ich war voll angezogen, aber nach einer Weile zog er mich zu sich in die Wanne! Wir hatten einen Mordsspaß und sind den ganzen Abend nicht mehr aus dem Badezimmer herausgekommen.« (Von einer eher schüchternen, aber verliebten Frau, die anonym bleiben möchte.)

❀ ❀ ❀

Suchen Sie das Weite! In einer klaren Nacht schütteln Sie die alte Steppdecke gut aus und breiten sie mit ein paar Kissen auf dem Rasen hinter dem Haus aus. Heute Nacht suchen Sie den Himmel nach Sternschnuppen ab. Entdecken Sie Venus und Saturn oder die Milchstraße. Oder setzen Sie sich Hand in Hand auf die Terrasse hinterm Haus, betrachten Sie den Mond und horchen in die Stille, einfach so, weil Sie sich lieben. Vielleicht können Sie sich für den nächsten Vollmondabend im Swimmingpool verabreden, oder Sie vergnügen sich mit einer Runde Scrabble, weil Sie sowieso nicht schlafen können.

❀ ❀ ❀

Wenn Sie gemeinsam verreisen, nehmen Sie den Zug, und buchen Sie ein Schlafwagenabteil. Essen Sie genüsslich im Speisewagen, und freuen Sie sich an der schönen Landschaft.

❀ ❀ ❀

Tauschen Sie übers Wochenende Ihre Wohnung oder Ihr Haus mit einem befreundeten Paar. So kommen Sie günstig zu einem Wochenendausflug und können einmal dem Alltag entfliehen. Machen Sie vorher ab, dass beide Seiten für frische Bettwäsche und einen vollen Kühlschrank sorgen. So haben Sie keine weiteren Unkosten und keinen Stress, aber Sie werden sich vorkommen, als seien Sie im Urlaub. Tipp: Bieten Sie sich an, Freunden während der Ferien Haus und Hund zu hüten.

❀ ❀ ❀

Viele Hotels bieten günstige Ehepaar- oder Wochenendarrangements an – alles inklusive: Swimmingpool, Sauna, Frühstück im Bett usw. Für die Eltern Ihrer Kinder sollte Ihnen das Beste gerade gut genug sein.

❀ ❀ ❀

Wenn er am Morgen aus dem Haus geht, sagen Sie ihm, Sie würden gern im Hotel Soundso mit ihm zu Mittag essen. Reservieren Sie dort ein Zimmer für die Mittagspause.

❀ ❀ ❀

Das Beste, was Sie für Ihre Ehe tun können, ist, dass Sie einmal miteinander einen Ausflug machen! Suchen Sie sich für die

Nacht (zu zweit natürlich) eine romantische Pension oder ein gemütliches Hotel. Genießen Sie die Ruhe und den Frieden und das gute Frühstück. Nutzen Sie Ihr Zimmer, bis Sie es räumen müssen. Schließlich bezahlen Sie dafür.

❀ ❀ ❀

Wissen Sie noch, wo Sie sich damals am liebsten getroffen oder wo Sie miteinander im Auto gesessen haben? Wird der Platz im alten Steinbruch oder im Park am See nun von anderen benutzt? Warum sehen Sie nicht selbst einmal nach?

❀ ❀ ❀

Laden Sie ihn zu einem intimen Nachtessen zu Hause ein, aber an »wechselnden Schauplätzen«. Die Vorspeise servieren Sie am schön gedeckten Küchentisch; den Salat gibt es im Wohnzimmer, während Sie gleichzeitig einen romantischen Kurzfilm zeigen. Den Hauptgang (ein scharf gewürztes Currygericht) nehmen Sie bei Kerzenlicht und gedämpfter Musik im Esszimmer ein. Und eine Auswahl verschiedener »Desserts« wird im Schlafzimmer angeboten.

Sagen Sie Ihrem Partner, dass Sie im Anschluß an das Essen gern von ihm »verwöhnt« werden wollen, und legen Sie die passende Kleidung auf dem Bett zurecht. Machen Sie es sich in den weichen Kissen oder auf einer Decke auf dem Boden bequem, und schauen Sie sich noch einen schön kitschigen Liebesfilm an.

❀ ❀ ❀

Wann nehmen Sie sich normalerweise Zeit für intime Stunden? Am Abend? Dann ist es an der Zeit, eine Änderung einzuführen. Stellen Sie den Wecker etwas früher, und überlegen Sie, was Ihnen Spaß macht. Wecken Sie ihn mit ein paar sanften Küssen auf. Kuscheln und knutschen Sie, so lange Sie mögen. Sie werden

den ganzen Tag ein Lächeln auf dem Gesicht tragen, und niemand außer Ihnen weiß, warum.

❀ ❀ ❀

Wenn es im Sommer glühend heiß ist, dann stehen Sie am Samstag doch zur Abwechslung mal bereits zum Sonnenaufgang auf, und frühstücken Sie gemeinsam auf der Veranda.

❀ ❀ ❀

A propos Veranda: Falls einer von Ihnen im Sommer Geburtstag hat, genießen Sie den Tag doch einmal in dem Kostüm, das Sie an der Geburt getragen haben, und nehmen Sie ein ausgiebiges Sonnenbad. Sie werden sich fragen, warum Sie nicht schon früher auf die Idee gekommen sind. Nun zeigt sich auch, was für eine sinnvolle Anschaffung der Sichtschutzzaun für Fido war. Und das Geld für die Badeanzüge können Sie auch noch sparen. Natürlich brauchen Sie die Hilfe des andern beim Auftragen der Sonnenmilch. Und vergessen Sie nicht, Fido solange in die Küche zu sperren!

❀ ❀ ❀

Hängen Sie am Freitagabend ein paar lustige und ungefährliche Spielsachen übers Kinderbettchen, damit Sie am Samstag nicht so früh aufstehen müssen, sondern den Morgen miteinander im Bett genießen können.

❀ ❀ ❀

Fahren Sie doch einmal nach Ehestetten (den Ort gibt's wirklich!) oder nach Küsnacht, nur um sagen zu können, dass Sie dort waren.

Das also waren ein paar Vorschläge und Anregungen aus dem Leben und den Schlafzimmern einiger »gestandener« und erfahrener Ehepaare. Wie sieht Ihr Liebesleben im Vergleich dazu aus? Fehlt etwas? Falls Sie das Gefühl haben, bei Ihnen sei alles blankes Mittelmaß, dann legen Sie doch endlich Ihr puritanisches Mäntelchen ab, und probieren Sie ein paar der Ideen aus, damit Ihre Ehe wieder Pep und Würze bekommt. Nur keine falsche Scheu! Schließlich sind Sie verheiratet.

»Heute nicht, Schatz, ich habe Kopfschmerzen«

Manchmal meinen Sie, Ihr Kopf müsste gleich zerspringen. Oder Sie sind einfach viel zu müde oder nicht in Stimmung, Sie fühlen sich überfahren oder haben keine Lust. Er ist vielleicht voll gespannter Erwartung und Sie nicht. Wie bringen Sie's ihm bei?

Ganz egal, aus welchem Grund Ihnen nicht nach seinen Zärtlichkeiten zumute ist, Sie können Ihr Nein so formulieren, dass er nicht sauer reagiert und die Tür nicht ganz zugeschlagen wird. Eine Frau versucht es mit Humor. Sie hängt ein Schild an die Schlafzimmertür, auf dem steht: »Heute wegen Kopfschmerzen geschlossen. Ersatztermin zur Auswahl.« Ihr Mann darf sich aus einem Umschlag, den sie an die Türklinke gehängt hat, einen Gutschein aussuchen. Andere Ideen:

- »Es ist immer so schön mit dir, aber heute geht es nicht.«
- »Du bist ein fantastischer Liebhaber, aber im Moment wird mir einfach alles zu viel.«
- »Wie wär's stattdessen am Dienstag um neun?«
- »Danke für dein tolles Angebot. Leider kann ich es heute nicht annehmen.«
- »Ich bin froh, dass du gefragt hast! Aber ...«
- »Können wir stattdessen eine Kleinigkeit zusammen trinken? Ich bin müde und sollte versuchen, ein wenig Schlaf nachzuholen.«
- »Keiner ist besser als du, aber ...«
- »Heute war so ein grässlicher Tag. Bitte nimm mich einfach nur in deine Arme.«

- »Du bist meine große Liebe, auch wenn ich dich mal enttäuschen muss. Mit meiner Liebe zu dir hat das gar nichts zu tun.«
- »Das nächste Mal wird es dafür umso schöner.«
- »Weil ich im Moment die Grippe habe und niesen und husten muss und ziemlich benommen bin, heißt das noch lange nicht, dass ich nächste Woche nicht wieder voll da bin.«
- P. S. Nr. 1: Hängen Sie einen oder zwei Tage später irgendwo, wo Ihr Mann es auch sieht, ein Schild auf: »Die Kopfschmerzen sind vorbei.«
- P. S. Nr. 2: Machen Sie sich nichts daraus, falls es im Bett einmal nicht so gut klappt. Das ist doch kein Grund zur Sorge. Das nächste Mal ist es wieder besser, und Sie haben ja noch das ganze Leben vor sich.

7

Es ist genauso schwierig, mit jemandem zusammenzuleben, den man liebt, wie jemanden zu lieben, mit dem man zusammenlebt

Wie man es lernt, die unangenehmen Auseinandersetzungen in der Ehe zu umschiffen

Es gibt kein anderes Heilmittel für die Liebe,
als noch mehr zu lieben.

Henry David Thoreau, Tagebuch

Gegensätze ziehen sich an ... Gegensätze stoßen sich aber auch ab.

Morgenmenschen heiraten oft einen Nachtschwärmer. Und beide stören sich an den Eigenarten des anderen. Ordnungsliebende angeln sich einen Chaoten. Der Gesellschaftslöwe landet bei dem Mauerblümchen, und während der eine kaum erwarten kann, dass die Party endlich anfängt, sehnt der andere sich danach, dass sie endlich aufhört. Sie machen Pläne für das nächste Jahr; er freut sich am Hier und Heute. Egos liegen im Clinch, es knirscht im Ehegetriebe, und man reibt sich am anderen. Viel Spaß also für den Rest des Lebens!

Der bekannte englische Schriftsteller G. K. Chesterton hat einmal gesagt: »Wenn eine Ehe schon wegen ›Unvereinbarkeit‹

geschieden werden kann, begreife ich nicht, wieso sie nicht alle geschieden sind. Ich habe viele glückliche Ehen kennen gelernt, aber keine einzige, in der die Partner wirklich zueinander gepasst hätten. Das Ziel der Ehe besteht doch gerade darin, die Sache miteinander durchzukämpfen und auch die Momente zu überdauern, in denen die Unvereinbarkeit überdeutlich wird. Denn Mann und Frau als solche können nicht zueinander passen.« Eine völlig spannungsfreie Beziehung gibt es nicht. Trotzdem sagt die Therapeutin und Autorin Sonya Rhodes: »Ich sage den Paaren immer, dass 90 Prozent der Probleme, über denen sie sich in die Haare geraten, vermutlich völlig belanglose Kleinigkeiten sind.«

Glück heißt nicht immer, dass keine Konflikte vorhanden sind, sondern vielmehr, dass man weiß, wie man mit den Enttäuschungen, die unweigerlich auftreten werden, umzugehen hat. Aus dem Wechselspiel einander widerstreitender Meinungen kann eine tiefere Einsicht erwachsen, gegenseitige Anerkennung, die Verbindung kann gestärkt daraus hervorgehen, und Streitfragen werden plötzlich zu neuen Chancen. Höflich widersprechen ist ein Akt der Liebe, weil hier eine gesunde Einigung angestrebt wird. Beziehungen, in denen man es gelernt hat, Konflikte positiv zu lösen, sind besonders haltbar. Wer es lernt, über Dinge, die ihn beschäftigen oder gar stören, offen zu reden, der wird zufriedener. Es ist viel, viel lohnender, ein Problem zu lösen als eine Ehe.

Vielleicht haben Sie oder Ihr Partner Ihre Zweifel, ob es überhaupt möglich ist, nach einem heftigen Streit noch weiter eine gute Ehe zu führen. Wer so empfindet, der ist in der Regel in einer Familie aufgewachsen, in der die Kinder mit anhören mussten, wie die Eltern sich ständig wegen völlig unwichtiger Kleinigkeiten zankten. Oder Vater und Mutter beschäftigten sich nie offen mit den eigentlichen Problemen, weil sie meinten, sie dürften ihre Wut nicht zeigen und eine offene Diskussion der widerstreitenden Meinungen würde die Beziehung unweigerlich zerstören. Es ist verständlich, dass Menschen, die in einer solchen Atmosphäre groß geworden sind, eine besondere Scheu vor Konflikten haben und alles tun, um jeder unangenehmen Frage aus dem Weg zu gehen. Einfach nicht hinsehen oder so tun, als sei alles in Ordnung, erscheint so viel einfacher.

Weggehen, sich aus einer Diskussion heraushalten, dies kann zum einen physisch geschehen, indem wir einfach den Raum verlassen, oder psychisch, indem wir nicht richtig hinhören oder nicht richtig antworten, indem wir schnell das Thema wechseln, Blicken ausweichen, nicht ehrlich unsere Meinung sagen oder die Sache ins Lächerliche ziehen. Solche Verhaltensmuster haben, wenn sie regelmäßig geübt werden, einen äußerst negativen Einfluss. Der Partner versteht nicht, dass eine offene und ehrliche Diskussion, auch wenn es dabei einmal heiß hergeht, nicht dasselbe ist wie ein richtiger Streit.

Vielmehr geht es darum, den anderen bei Meinungsverschiedenheiten wissen zu lassen, was in mir vorgeht, und dann nach einer Lösung zu suchen. Auch da, wo man sich lieber zurückzieht, kommt es in den meisten Fällen irgendwie zu einer Einigung, aber das Ganze gerät zu einem äußerst heiklen Balanceakt, falls in der nächsten Woche dasselbe Verhaltensmuster von neuem auftaucht. So werden keine Probleme gelöst, und manche Paare schaffen es, den Konflikten so lange aus dem Weg zu gehen, bis der Kessel eines Tages endgültig überkocht! Plötzlich hat einer der Partner endgültig genug, oder man schweigt sich nur noch an und wird kalt und verbittert. Wenn Sie Angst davor haben, den Problemen einmal in einem ausführlichen Gespräch auf den Grund zu gehen, dann halten Sie sich vor Augen, dass Sie damit einen entscheidenden Beitrag für eine gesunde Zukunft Ihrer Beziehung leisten können. Werfen Sie schon einmal einen Blick auf den Test »Haben Sie Angst vor Auseinandersetzungen?« auf Seite 128, um herauszufinden, ob Sie Konflikten aus dem Wege gehen.

Wenn es aber jemandem unter euch an Weisheit mangelt, so bitte er Gott, der jedermann gern gibt und niemanden schilt; so wird sie ihm gegeben werden.

Jakobus 1,5

Keine Angst vor heiklen Fragen

Ein Ehepaar nennt die Versuche, ihre Probleme zu lösen, »Pflegezeiten«. Sie legen ausdrücklich einen Termin fest, um wichtige Fragen miteinander zu besprechen. Hier ist ihr kleiner Crash-Kurs mit ein paar einfachen Grundregeln, die man beachten sollte, wenn es zur Kraftprobe kommt:

- Wir haben uns darauf geeinigt, dass Meinungsverschiedenheiten nichts Schlechtes sind.
- Wir bemühen uns, so bald wie möglich nach einem Zwischenfall einen geeigneten Zeitpunkt und Ort zum Reden zu finden, damit sich kein Groll aufbauen kann.
- Emotionsgeladene Themen werden nicht vor den Kindern oder kurz vor dem Zubettgehen besprochen oder falls der eine oder andere kurz vor dem Explodieren ist. Wir verschieben das Gespräch, bis die Köpfe wieder klar sind.
- Wir diskutieren nur jeweils eine Streitfrage.
- Wir schweifen nicht vom Thema ab. Es werden keine alten Konflikte hervorgekramt und keine schmutzige Wäsche gewaschen.
- Wir schreien uns nicht an. Wir drohen dem anderen nicht und unterbrechen ihn nicht.
- Keine Schuldzuweisungen. Wir fragen immer: »Wie können wir das Problem lösen?«, und nicht: »Wieso haben wir das Problem?« Unser Ziel besteht darin, einander zu verstehen und eine Lösung zu finden, nicht herauszufinden, wer Recht hat und wer nicht.
- Es geht nicht an, dass einer von beiden seine »Sachen« nimmt und davonstolziert. So verhalten sich Kinder.
- Egal, wie wütend wir sind, der Konflikt muss gelöst werden.
- Wenn wir zu keiner Einigung kommen können, dann machen wir einen festen Termin ab, an dem wir das Gespräch weiterführen.

Weitere Hilfen und Hinweise für eine gute Gesprächsführung

Bemühen Sie sich, während einer Diskussion einen gesunden Rhythmus zwischen Reden und Schweigen zu finden. Reden Sie, und schweigen Sie erneut. Lange Pausen sind wichtig, um zu überlegen und die Meinung des anderen zu überdenken. Wo ständig geredet wird, ist keine Zeit zum Nachdenken, und es ist schwierig, neuen konstruktiven Ideen zum Durchbruch zu verhelfen.

Seid immer sofort bereit, jemandem zuzuhören;
aber überlegt genau, bevor ihr selbst redet.

Jakobus 1,19 Hfa

❀ ❀ ❀

Werden Sie sich darüber klar, was Sie wollen und was Sie fühlen. Das fällt einem Menschen, der sich immer darum bemüht hat, es anderen recht zu machen, nicht leicht. Manche haben Angst, ungeistlich oder selbstsüchtig zu erscheinen, falls sie ihre eigenen Wünsche anerkennen oder womöglich sogar öffentlich äußern. Wer immer daran gewöhnt war, seine Gefühle zu verbergen, der hat sich wahrscheinlich seit Jahrzehnten nicht mehr gefragt: »Was möchte ich? Was empfinde ich in diesem oder jenem Fall?«

Nachdem Sie herausgefunden haben, was Sie wollen, versuchen Sie, es dem anderen in möglichst einfachen Worten und mit freundlicher, höflicher Stimme zu vermitteln. Seien Sie konkret, und erklären Sie so ruhig wie möglich, was Sie stört und warum Sie eine bestimmte Sache so und nicht anders empfinden. Übertreibungen wie zum Beispiel »Deine Mutter kommt ja sowieso mit niemandem zurecht« sind nicht erlaubt. Wer sich beschwert oder nur jammert und klagt und auf Mitgefühl hofft, wird selten recht verstanden. Reden Sie möglichst nüchtern über das Problem, und schlagen Sie eine vernünftige Lösungsmöglichkeit vor.

Was dann damit geschieht, ist Sache Ihres Partners. Ihren Teil der Aufgabe haben Sie erledigt. Manchmal kann es lange dauern, bis sich eine Lösung abzeichnet oder verwirklichen lässt, darum haben Sie Geduld. Sie sind auf bestem Wege.

Beispiel: »Es setzt mir zu, wenn du jeden Samstagmorgen aus dem Haus gehst und den ganzen Tag auf dem Golfplatz verbringst. Ich muss am Wochenende den Haushalt machen und könnte dabei ein bisschen Hilfe gebrauchen. Es würde mich freuen, wenn du es übernehmen könntest, das Wohnzimmer, die Schlafzimmer und das Bad zu putzen, ehe du weggehst.«

❀ ❀ ❀

Hören Sie zu, und bemühen Sie sich, auf das Gesagte eine Antwort zu finden. Versuchen Sie, die Gedanken des anderen zu lesen und die Dinge aus seinem Blickwinkel zu betrachten. Lesen Sie zwischen den Zeilen, und fragen Sie sich: »Was will er damit wirklich sagen? Was empfindet er wirklich?«, oder: »Wie wäre mir in dieser Situation zumute?« Wenn Ihnen das nicht hilft, dann fragen Sie laut: »Erklär mir doch, warum du das möchtest?«, oder: »Was denkst du dabei? Warum?«

Wer antwortet, ehe er hört, dem ist's Torheit und Schande.

Sprüche 18,13

❀ ❀ ❀

Manchmal haben Sie vielleicht das Gefühl, Sie müssten dem anderen ein Hörgerät schenken, damit er Sie versteht. Ein Therapeut fordert seine Klienten auf, einen Küchenwecker zu benutzen. Jeder der Partner muss dem anderen drei Minuten zuhören, ohne ihn zu unterbrechen. Danach wird der Zuhörende aufgefordert, mit seinen eigenen Worten laut zu wiederholen, was der Sprechende gesagt hat, damit auch ganz klar wird, ob er ihn verstanden hat oder nicht.

❀ ❀ ❀

Besserwisser kommen nirgendwo hin, deshalb steigen Sie von Ihrem hohen Ross herunter! Keine hehren Geständnisse, keine Drohungen, keine Predigten und kein flehentliches Bitten. Hüten Sie sich vor Sätzen wie: »Du musst doch nur ...«, »Du hättest lieber ...«, »Du solltest eher ...«, oder: »Ich erwarte jetzt, dass du ...« Auch ein gewisser feindseliger Unterton, der Gesichtsausdruck oder die Körperhaltung können Ablehnung oder sogar Hass signalisieren. Verschränkte Arme sind wie eine Mauer. Ein finsterer Blick oder ein mahnend erhobener Zeigefinger wirkt bedrohlich. Seufzer klingen manchmal nach Selbstmitleid. Kann man so eine gute Ehe führen?

❀ ❀ ❀

Sie dürfen nie so boshaft sein, wie Sie es gern wären! In der Ehe kennt man die wunden Punkte des anderen nur zu gut und weiß genau, wie man ihn am tiefsten verletzen kann. In der Hitze des Gefechts leuchten die schwachen Stellen umso heller hervor. Sie können sich mit beleidigenden Äußerungen umgehend daran festbeißen oder versuchen, Sie zu umschiffen. Es ist so gut wie unmöglich, böse Worte wie: »Ich habe dich sowieso nie wirklich geliebt«, »Aus dir wird sowieso nie etwas Rechtes«, »Du bist dick und hässlich«, oder: »Bitte, tu's doch, reich ruhig die Scheidung ein; mir ist das doch egal«, wieder zurückzunehmen. Sie entfalten ihre schmerzhafte Wirkung noch lange, nachdem der Streit, der sie verursacht hat, beigelegt ist.

Die Worte eines gedankenlosen Schwätzers verletzen wie Messerstiche; was ein weiser Mensch sagt, heilt und belebt.

Sprüche 12,18 Hfa

Von Elisabeth: »Wenn wir streiten, muss ich mich nicht von der schlechten Laune meines Mannes anstecken lassen oder ihn nachäffen und seinen Wutausbrüchen mit meinem Zorn begegnen. Ich habe die Wahl. Ich habe vielleicht die passenden Bemerkungen im Kopf, aber ich muss sie nicht unbedingt laut ›herausbrüllen‹. Wenn ich es zulasse, dass er mich steuert, dann wird es nur noch schlimmer. Indem ich einen klaren Kopf behalte, kann ich die hässlichen Dinge, die er in seiner Wut sagt, manchmal überhören und ihm antworten: ›Es ist besser, ein anderes Mal über diese Dinge zu reden. Lass es uns morgen noch einmal versuchen‹, bevor ich leise hinausgehe.

Das Interessante ist, dass das Problem am nächsten Tag oft nicht mehr halb so wichtig erscheint.«

❀ ❀ ❀

Prüfen Sie sich selbst: Weichen Sie den Blicken des anderen aus, zappeln Sie herum, reden Sie zu schnell oder zu laut, sind Sie unsicher und laufen unruhig auf und ab, oder lassen Sie sich vom Hund oder von dem Briefträger, der gerade die Post bringt, ablenken? Damit vermitteln Sie dem anderen, dass es Ihnen eigentlich lieber wäre, Sie müssten sich jetzt nicht mit ihm unterhalten, und dass es Ihnen am liebsten wäre, Sie könnten sich so schnell wie möglich zurückziehen. Versuchen Sie doch dieses eine Mal, ruhig sitzen zu bleiben und das Ganze ohne diese verräterischen Gesten durchzustehen.

❀ ❀ ❀

Gebrauchen Sie im Gespräch so oft wie möglich »Ich«- anstelle von »Du«-Botschaften. Mit einem »Ich«-Satz bringen Sie zum Ausdruck, wie Sie die Situation empfinden, ohne dem anderen offene oder versteckte Vorwürfe zu machen.

Beispiel:
- Richtig: »Ich fand es schade, dass du nicht von Frankfurt aus angerufen hast wie versprochen. Ich habe mir Sorgen gemacht, weil ich nicht wusste, ob du gut angekommen warst oder nicht.«

– Falsch: »Du hast uns ziemlich in Unruhe versetzt, weil du nicht angerufen hast. Die Kinder waren ganz durcheinander. Kannst du es denn nie lernen, auch an die anderen zu denken, wenn du unterwegs bist?»
– Richtig: »Ich bin im Moment ziemlich wütend.«
– Falsch: »Du machst mich noch verrückt!«
– Richtig: »Ich habe das Gefühl, wir müssten mehr Zeit füreinander haben.«
– Falsch: »Du bist viel zu oft weg! Dafür solltest du mich wenigstens ab und zu zum Essen ausführen.«

❀ ❀ ❀

Eine gute Hausregel: Wenn einer von Ihnen etwas gegen den anderen vorzubringen hat, dann ist es verboten, sich zu rechtfertigen oder die Sache abzustreiten, solange man nicht überlegt hat, ob nicht ein Körnchen Wahrheit daran sein könnte. Hartnäckiges Leugnen ist für den anderen sehr frustrierend, weil es eine Lösung von vornherein abblockt und jede Hoffnung auf Versöhnung zunichte macht. Der einzig vernünftige Ansatz lautet: »Ich werde darüber nachdenken.«

❀ ❀ ❀

Falls Sie zu Unrecht angeklagt werden, erklären Sie in aller Ruhe Ihren Standpunkt. Hat der andere Recht, dann geben Sie die ganze unangenehme Wahrheit unumwunden zu, und gehen Sie zur Tagesordnung über. Starke Menschen machen genauso viele und genauso hässliche Fehler wie schwache. Der Unterschied besteht darin, dass starke Menschen ihre Fehler zugeben und daraus lernen.

Wer sich nichts sagen lässt, erntet Armut und Verachtung. Wer auf Ermahnungen hört, wird hoch angesehen.

Sprüche 13,18 Hfa

❀ ❀ ❀

Wenn Sie im Unrecht sind, geben Sie es zu. Wenn Sie Recht haben, schweigen Sie.

Wer seine Sünden vertuscht, hat kein Glück;
wer sie aber bekennt und meidet, über den erbarmt sich der Herr.

Sprüche 28,13 Hfa

❀ ❀ ❀

Achten Sie darauf, dass Ihre Entschuldigung wirklich ernst gemeint ist und von Herzen kommt und Sie Ihr Verhalten auch ändern wollen. Sie ist hohl und wird als Lüge empfunden, falls Sie sagen: »Tut mir Leid, dass ich in letzter Zeit immer zu spät zum Abendessen gekommen bin«, und dann weiterhin den Abend mit Freunden verbringen.

Von der Frau eines Armeeangehörigen: »Wenn ich die Worte ›Es tut mir Leid‹ höre, dann höre ich darin immer ein ›Ich liebe dich‹. Ich kann mich noch daran erinnern, wie ich einmal mit meinem Mann weinend am Küchentisch saß, weil er mir gerade etwas Furchtbares gestanden hatte. Er spürte, dass er sich entschuldigen musste. Für mich war alles vergessen, als ich die wunderbaren Worte hörte, die ich so nötig hatte: ›Es tut mir wirklich Leid. Ich gebe dir mein Wort. Ich werde so etwas nie wieder tun, nie. Ich merke jetzt erst, wie sehr ich dir damit wehgetan habe. Falls mir das jemals wieder passiert, dann sag es mir sofort.‹«

❀ ❀ ❀

Brechen Sie eine erhitzte Diskussion nicht im Zorn ab, nur weil es für Sie vielleicht ungemütlich wird. Konflikte müssen gelöst, strittige Fragen geklärt werden. Ziel ist es nicht, dass beide dasselbe denken, sondern dass Sie gemeinsam über etwas nachdenken. Denken Sie daran, dass eine ganz wichtige Phase in jeder Auseinandersetzung die mittlere, die »Verhandlungsphase« ist, in der Sie aufeinander hören und anfangen, einander zu verstehen.

In dieser Phase schlagen die Wogen oft am höchsten. Seien Sie darauf gefasst, und halten Sie durch. Danach kommt die befriedigende Phase, in der das Problem einer Lösung nahe kommt. Leider gelangen viele Paare nie bis dahin.

Von Jutta: »Wenn es schon spät ist und wir völlig festgefahren sind, aber noch weitere Gespräche nötig wären, machen wir für den nächsten Tag einen Termin ab. Wir sagen einander, dass uns unsere Beziehung wichtig ist, geben uns einen Gutenachtkuss, ob uns danach zumute ist oder nicht (meistens nicht), und legen uns dann zur Ruhe.«

❀ ❀ ❀

Falls Sie an einen toten Punkt gelangen, suchen Sie nach einem Ausweg. Sagen Sie laut: »Wir sollten doch beide in der Lage sein, diese Sache in den Griff zu bekommen«, und versuchen Sie, sich so viele Lösungsmöglichkeiten zu überlegen, wie Ihnen einfallen. Schreiben Sie sie auf, egal, wie abwegig sie auf den ersten Blick erscheinen mögen. Nichts ist zu lächerlich, nichts sollte von vornherein ausgeschlossen werden, egal, wie verrückt oder unpraktisch oder teuer der Vorschlag ist. Ordnen Sie die Vorschläge nach ihrer praktischen Wirksamkeit. Dann sollte sich jeder von Ihnen einen Gedanken aussuchen und einen Tag oder eine ganze Woche lang ausprobieren, danach reden Sie wieder darüber. Vielleicht sind Sie mit dem Vorschlag Ihres Partners nicht einverstanden, aber allein schon die Bereitschaft, es einmal zu versuchen, fördert die Achtung voreinander und kann als vertrauensbildende Maßnahme wirken. Wenn es nicht funktioniert, probieren Sie eine der anderen Möglichkeiten aus oder eine zweite. Aber bleiben Sie dran.

❀ ❀ ❀

Manchmal wird die Kompromissbereitschaft von beiden Seiten bis aufs Äußerste in Anspruch genommen. Hier ein paar Beispiele:

- »Ich schneide meine Kreditkarte in Stücke, wenn du bereit bist, mir jede Woche fünfzig Mark für meine persönlichen Bedürfnisse aus der Haushaltskasse zuzugestehen.«
- »Ich weiß, dass du nicht gut schläfst, wenn wir abends noch eine große warme Mahlzeit zu uns nehmen. Wie wär's, wenn wir in der Woche nur einen leichten Imbiss machen und dafür am Wochenende richtig kochen?«
- »Immer wieder kam bei uns die Streitfrage hoch, ob wir noch ein viertes Kind wollten oder nicht. Doch nie kamen wir zu einem Ergebnis. ›Kein Kind mehr‹, sagte mein Mann mit Bestimmtheit. Aber ich hätte nach den drei Mädchen gern einen Jungen gehabt. Also schlug ich vor, wir sollten unsere Enttäuschung und unseren Zorn einfach für eine Weile begraben und das Für und Wider schriftlich festhalten.
  Zuerst kamen wir uns ein bisschen komisch vor. Der Gedanke war ziemlich ungewohnt. Als wir dann gemeinsam unsere Listen durchsahen, wurde uns das Wozu und Warum viel klarer, und wir konnten viel ruhiger darüber reden. Nein, wir sind nicht sofort zu einer Entscheidung gekommen, aber wir haben uns ihr angenähert, und kam später wieder einmal die Rede auf ein Baby, sind wir nicht mehr einfach davongerannt und haben geschmollt. Es war ein Anfang.«

❀ ❀ ❀

Wenn es während einer Debatte einmal allzu hitzig zugeht, finden Sie hier ein paar Anregungen, was Sie sagen können, um dem anderen zu signalisieren, dass Sie trotz der Differenzen noch immer zu ihm stehen:

- »Wir haben es doch wirklich verdient, dass wir eine Lösung finden. Und wir werden sie finden.«
- »Ich will versuchen, dir heute ganz besonders aufmerksam zuzuhören. Ich will wissen, was du meinst.«
- »Vielleicht sind wir nicht immer einer Meinung, aber wir sollten uns wenigstens gegenseitig anhören. Komm, lass uns weiterreden.«

– »Ich denke, dass es unserer Ehe nur gut tut, wenn wir zusammenhalten und Meinungsverschiedenheiten offen austragen, anstatt ihnen aus dem Weg zu gehen und einfach davonzulaufen.«

❀ ❀ ❀

Eine der besten Methoden, um den beißenden, schneidenden Ton zu lindern, in den Ehepaare im Gespräch miteinander oft verfallen, besteht darin, Widerstände zu beseitigen. Versuchen Sie, in dem, was Ihr Partner sagt, die positive Aussage zu finden, der Sie zustimmen können, und gehen Sie darauf ein. Damit nehmen Sie dem anderen in den meisten Fällen den Wind aus den Segeln.

❀ ❀ ❀

Lernen Sie, auch ungewohnte Wege zu gehen. Machen Sie zwischendurch einfach einmal eine Pause, und streichen Sie dem anderen über den Arm. Vielleicht können Sie ihm nicht in allem zustimmen, aber vielleicht können Sie ihm doch etwas Positives sagen.

– »Wir haben doch schon eine Menge gelernt. Weißt du noch, wie es war, als es uns nicht gelang, über unsere Probleme zu reden?«
– »Ich bin froh, dass wir uns schon einmal darauf einigen konnten, dass meine Mutter für eine Weile zu uns kommen kann. Die Frage ist wenigstens geklärt. Nun müssen wir nur noch überlegen, wie lange sie bleiben soll.«

❀ ❀ ❀

Manchmal müssen Sie sich selbst gut zureden, weil das Gespräch zu entgleiten droht oder die Diskussion nirgends hinführt und sich Frust und Ärger einschleichen wollen. Hier ein paar Vorschläge, was Sie sich sagen können:

– »Ich muss gar nicht immer und überall Recht haben.«
– »Nachgeben ist keine Schwäche.«

– »Männer und Frauen haben nun mal unterschiedliche Ansichten. Es ist nichts dabei, verschiedener Meinung zu sein. Davon geht die Welt nicht unter.«
– »Mein Partner soll sagen können, was er denkt. Er hat ja seine Gründe.«

»Denkt von euch selbst gering, und achtet den anderen mehr als euch selbst. Denkt nicht immer zuerst an euch, sondern kümmert und sorgt euch auch um die anderen.«

Philipper 2,3-4 Hfa

❀ ❀ ❀

Was Sie nicht sagen sollten:

– »So bin ich nun einmal, das kann ich nicht ändern. Meine ganze Familie ist so gewesen.« Vererbte Gene sind in einer Beziehung keine Entschuldigung. Meistens handelt es sich um Verhaltensmuster, die von den Eltern übernommen wurden. Aber was man sich durch Lernen angeeignet hat, lässt sich auch wieder ablegen.
– »So solltest du aber nicht empfinden.« Wir können die Gefühle eines anderen nicht steuern. Er empfindet nun einmal so. Versuchen Sie herauszubekommen, warum.
– »Ich kann nicht immer alles, was ich sage, auf die Goldwaage legen.« Doch, das können Sie! Unüberlegte Worte können entsetzlich wehtun!

❀ ❀ ❀

Wenn ein Thema einmal wirklich zu heiß wird, können Sie das Gespräch vielleicht vorübergehend abbrechen und stattdessen miteinander beten. Hier ein paar Vorschläge:
– »Herr, hilf, nicht dass ich verstanden werde, sondern dass ich verstehe.« (Franziskus von Assisi).

– »Herr, hilf uns, im Umgang miteinander freundlich und besonnen zu bleiben. Bewahre uns vor sturem, feindseligem Schweigen, und hilf uns zu erkennen, was der andere fühlt und was er braucht. Gib uns deine Worte in unseren Mund, damit wir die Sache wirklich ausdiskutieren können.«
– »Herr, schenke du es doch, dass der Auslöser für unseren Streit etwas Gutes bewirken kann. Lehre uns beide durch diesen Konflikt, das Leben besser zu bewältigen und einander noch tiefer zu lieben.«

❀ ❀ ❀

Bewährte Taktiken von abgebrühten Paaren

Wenn wir ganz tief im Morast stecken, wenn wir aufeinander losgehen und alle Worte doch nichts fruchten, wenn wir anfangen, uns mit lauten Bemerkungen wehzutun, dann ruft einer von uns: »Auszeit!« Wir brechen alle Gespräche ab. Norbert lässt sich meistens im Wohnzimmer auf die Couch fallen, und ich drehe eine Runde um den Block, um mich abzureagieren. Diese kurze Unterbrechung ist nicht dasselbe, als würden wir die Diskussion ganz abwürgen, und nach dieser Pause sind wir längst nicht mehr so erregt und können viel ruhiger miteinander reden.

❀ ❀ ❀

Von Alice: »Vor langer Zeit hat mich ein kluger Seelsorger einmal aufgefordert, die guten Eigenschaften meines Mannes aufzulisten. Diese Liste liegt in meiner Nachttischschublade. An Tagen, an denen ich meinen Groll einfach nicht überwinden kann, nehme ich sie zur Hand und lese sie durch, Punkt für Punkt. In einem heftigen Wortwechsel gehen die Dinge, die ich an meinem Mann bewundere, so leicht unter – seine Treue, seine Ehrlichkeit, seine Verlässlichkeit, seine Liebe zu Gott und die Treue zu seiner Familie.«

Deshalb wollen wir uns mit allen Kräften darum bemühen, in Frieden miteinander zu leben, und einander helfen, im Glauben zu wachsen.

Römer 14,19 Hfa

Zusatzidee: Schreiben Sie an einem guten Tag, vielleicht nach einer Versöhnung, all die guten Gründe, die Sie damals an Ihrem Partner angezogen haben, auf eine Tafel, oder hängen Sie Ihre Liste an die Pinnwand in seinem Hobbyraum, damit er weiß, was Sie denken.

❀ ❀ ❀

Was? Er ist als Gottes Ebenbild erschaffen? Wenn ich ganz bewusst nach den christusähnlichen Zügen in meinem Mann suche und sie wirklich entdecke, dann sehe ich ihn mit völlig anderen Augen. Es ist ein absolut überwältigendes Gefühl, sich einmal bewusst zu machen, dass in diesem Mann tatsächlich der Heilige Geist wohnt – ein Geist der Gerechtigkeit, ein Geist, der sagt: »Ich möchte es gern richtig machen«, ein Geist der Liebe, Gottes Geist, selbst dann, wenn wir miteinander streiten. Auch er ist als Ebenbild Gottes erschaffen. Und eigentlich möchte er mich jetzt, in diesem Augenblick, lieben. Ja, wir sind ein gutes Paar, wir sind Gottes geliebte Kinder, aber wir stehen gerade vor einem Problem, für das wir eine Lösung suchen.

❀ ❀ ❀

Von Eheberater Dennis Rainey: »Wenn Sie es lernen wollen, Ihre Auseinandersetzungen in Liebe zu führen, können Sie einfach nicht glauben, Ihrem Partner gehe es nur darum, Sie herumzukriegen, und es kann Ihnen nicht darum gehen, Ihren Partner mit Gewalt zu überzeugen. Seien Sie bereit zu hören, was Gott Ihnen durch Ihren Partner sagen will. Es könnte ja sein, dass er Ihnen durch Ihren Partner etwas Wichtiges mitteilen will. Manche wollen nicht hinhören, weil es uns wichtiger ist, unsere Ruhe zu haben, als Christus ähnlicher zu werden. Die besten Bemerkungen meiner Frau sind die, die mir ein wenig wehtun. Aber ich brauche sie.«

❀ ❀ ❀

Wenn ich wirklich wütend werde und am liebsten um mich schlagen würde, ziehe ich mich zurück und singe ein Lied, das mich zur Ruhe kommen lässt.

❀ ❀ ❀

Was ist Vergebung?

Vergeben heißt, nicht am eigenen Groll festzuhalten, nicht zu meinen, man habe ein Recht darauf, den anderen zu strafen, weil einem tatsächlich Unrecht geschehen ist. Vergeben heißt, so schnell wie möglich zu vergessen.

Nicht durch unsere Fähigkeit zu denken unterscheiden wir uns von den Tieren, sondern durch unsere Fähigkeit zu bereuen und zu vergeben. Nur der Mensch kann diese höchst unnatürliche Tat vollbringen, und indem er sie tut, kann er Beziehungen entwickeln, die das unbarmherzige Gesetz der Natur überwinden.

A. Solschenizyn

Wer zuerst vergibt, gewinnt.

William Penn

Vergeben heißt, einem Gefangenen die Freiheit zu schenken … und dann zu erkennen, dass man selbst der Gefangene war.

Dr. Lewis Smedes

Von einer vierzigjährigen Frau: »Wenn ich das Gefühl habe, mir sei Unrecht getan worden, dann versuche ich, für meinen Mann zu beten. Ich tue es, obwohl ich immer noch wütend bin (das ist oft sehr schwierig), ich mache es, einfach weil Jesus es uns befohlen hat!

Der Mensch betet für ein neues Auto, für seine Gesundheit, mehr Geld und tausend andere konkrete Dinge. Ist es da nicht vernünftig, auch gute Charaktereigenschaften in meinen Mann hineinzubeten, etwa um mehr Einfühlungsvermögen, damit er besser erkennen kann, was die Kinder und ich brauchen, die Fähigkeit, zuzuhören oder Fehler zugeben zu können, eine größere Offenheit gegenüber den Ansichten und Meinungen anderer, die Fähigkeit, nett zu bleiben, auch wenn einmal etwas schiefläuft? Ich habe festgestellt, dass Gott einen großen Teil dieser Gebete beantwortet! Und doch hört man nur selten davon reden, dass ein Mensch für einen schwierigen Partner betet.«

Liebt eure Feinde; tut wohl denen, die euch hassen; segnet, die euch verfluchen; bittet für die, die euch beleidigen.

Lukas 6,27-28

Ein Ehemann berichtete dem Ehetherapeuten: Meine Frau und ich waren in eine Sackgasse geraten. Wenn wir überhaupt noch miteinander redeten, dann waren es nur kalte, unpersönliche und oft kritische Bemerkungen. Eines Tages sagte ich zu ihr: »Hör mal, ich habe einen Vorschlag. Lass uns einmal versuchen, drei Monate lang in Trennung zu leben. Wir bleiben zwar zusammen in der Wohnung, tun aber so, als lebten wir psychisch in Scheidung. In dieser Zeit darf keiner den anderen kritisieren oder an ihm herummeckern.« Sie war einverstanden.

Meine Frau wurde allmählich netter zu mir, und ich ging fast automatisch darauf ein. Ich fing an, ihr im Haushalt zu helfen, und sie wurde darauf wieder zärtlicher. Ich machte ihr mehr Komplimente als früher. Sie wurde immer liebevoller, und seitdem ist wieder alles gut. Wir beklagen uns nur selten beim anderen und kritisieren auch nicht mehr so viel. Es gibt auch kaum etwas zum Kritisieren. Wir haben uns beide einfach nach Kräften bemüht, auf den anderen einzugehen, und das hat Wunder bewirkt.

❀ ❀ ❀

Falls es einmal heiß hergeht und Sie beide von Zorn und Groll übermannt werden, dann denken Sie daran, dass Meinungsverschiedenheiten auch eine positive Seite haben: Auch ein Samenkorn muss erst begraben werden, ehe es Frucht tragen kann. Können nicht auch Sie dafür sorgen, dass jedes Beziehungsproblem eine positive Wirkung erzielt? Vielleicht bringt es Sie dazu, eine Beratung aufzusuchen. Oder es hilft Ihnen, die persönlichen Probleme hinter den Symptomen zu erkennen. Und vielleicht können Sie dann eines Tages sagen: »Wäre dies oder jenes nie passiert, säßen wir womöglich heute noch im Schlamassel und wüssten nicht, wie es weitergehen sollte.«

❀ ❀ ❀

Versöhnung kann Spaß machen (wenn man ein bisschen nachhilft)

Ja, es kann Spaß machen, Reue zu zeigen! Hängen Sie an passenden Orten Haftetiketten auf, auf denen Sie Ihrer Zerknirschung Ausdruck geben, oder malen Sie Ihre Entschuldigung auf ein T-Shirt. Oder noch besser – schreiben Sie sie auf einen kleinen Zettel, und stecken Sie ihn heimlich in seine Brieftasche oder in das Buch, das er gerade liest.

- Es tut mir Leid. Ich war ganz unausstehlich.
- Plumps. Das war der Stein, der mir vom Herzen gefallen ist.
- Ich würde dich auf der Stelle wieder heiraten.
- Moni liebt Jens, auch heute.
- Wir gehören doch zusammen, auch wenn wir manchmal streiten.
- Wir waren beide dumm und einfach abscheulich. Komm, wir wollen uns wieder vertragen.
- Du und ich, wir gehören zusammen.
- Unsere Beziehung ist mir wichtig.

Als wir uns einmal so richtig gestritten hatten, ging ich ins Wohnzimmer, wo mein Mann sich hinter seiner Zeitung versteckt hatte, und begann ihn mit der Taschenlampe anzustrahlen, aus und an, aus und an. Er war immer noch wütend und fragte verärgert: »Was soll denn der Unsinn?« Aber dann strahlte er auf, als ich ihm erklärte: »Ich habe gerade versucht, dir mit Morsezeichen zu erklären, dass ich dich immer noch liebe und mich mit dir versöhnen will.«

❀ ❀ ❀

Schneiden Sie lustige Zeichnungen oder Comics aus, mit denen Sie sich selbst auf den Arm nehmen können, oder stellen Sie aus den Schlagzeilen der Zeitung oder aus Inseraten lustige Sätze zusammen. Kleben Sie sie überall hin – an sein Telefon, den Computerbildschirm, ans Steuer seines Wagens oder an sein Fahrrad.

Als wir ins Bett gingen, waren wir immer noch wütend. Wir hatten eine kleine Meinungsverschiedenheit gehabt, und daraus war ein richtiger Streit geworden. Am nächsten Morgen rief ich meinen Mann im Büro an und sagte, ich hätte über den gestrigen Streit nachgedacht. »Ich finde es schrecklich, dass wir uns so angeschrien und so viele schlimme Dinge gesagt haben«, sagte ich, »aber ich glaube, wir haben auch eine Menge darüber gelernt, wie wir einander unsere Gefühle mitteilen können (und wie nicht). Das finde ich gut. Schreien bringt wirklich nichts. Aber nächstes Mal können wir es ja besser machen.« Später erzählte er mir, dass er sich danach viel besser gefühlt habe. Mein Anruf hatte ihm geholfen. Er hatte ihm gezeigt, dass wir trotz allem zusammengehören.

❀ ❀ ❀

Wenn sich die Wogen wieder gelegt haben, versuchen Sie es doch einmal mit der folgenden Methode: Jeder von Ihnen schreibt die drei Angewohnheiten, die ihn am anderen am meisten stören, auf einen Zettel, und diesen Zettel hängen Sie an den Kühlschrank. Jedes Mal, wenn einer von Ihnen dabei ertappt wird, wie er in einen dieser Fehler zurückfällt, bekommt der andere einen Bonus, zum Beispiel muss ihm der Übeltäter fünf Mark Strafe zahlen, oder er bekommt fünfzig Punkte Vorsprung in der nächsten Rommé-Partie oder was Ihnen sonst einfällt. So können Sie einander auf freundliche Weise daran erinnern, dass Sie sich ändern wollten.

❀ ❀ ❀

Eine Frau sollte Gott danken, dass ihr Mann Fehler hat. Ein Ehemann ohne Fehler ist ein gefährlicher Beobachter.

Lord Halifax

❀ ❀ ❀

Hängen Sie im Wohnzimmer ein großes Schild auf: Versöhnung macht Spaß. Komm, lass es uns probieren!

❀ ❀ ❀

Schreiben Sie einen kurzen Tatsachenbericht oder ein Gedicht über Sie beide, über Ihre Freuden – und Ihre Probleme. Kleben Sie ein paar Abziehbildchen dazu, die die Hauptpersonen mal beim Streit und mal im freundlichen Gespräch zeigen. Achten Sie darauf, dass sie sich am Schluss der Geschichte versöhnt in den Armen liegen und es ein Happyend gibt. Gestalten Sie ein schönes Deckblatt, und legen Sie Ihr Meisterwerk am nächsten Morgen neben seine Kaffeetasse, oder schicken Sie es mit dem Vermerk »Persönlich« ins Büro.

❀ ❀ ❀

Pflegen Sie Ihre kindliche Seite, und lernen Sie es, über Schwächen zu lachen und auch an Enttäuschungen die lustige Seite zu sehen. Schreiben Sie Ihre Versöhnungsbotschaft auf den »größten Luftballon der Welt«, und verstecken Sie ihn in seinem Schrank. Oder blasen Sie ein paar Dutzend kleinere Ballons auf, kritzeln auf jeden ein paar liebe, originelle Worte und lassen sie in der Toilette oder in seinem Hobbyraum unter die Decke steigen.

Eine Frau stellte nach einer hässlichen Auseinandersetzung das kleine Segelboot ihres Sohnes auf den Schreibtisch ihres Mannes und dazu eine Notiz: »Unsere Ehe ist zum Davonlaufen!« In kleineren Buchstaben stand darunter: »Komm, lass uns zusammen in die Sonne fahren, irgendwo an einen schönen Strand. Dort kann man viel besser reden.«

❀ ❀ ❀

Streichen Sie sich passende Bibelstellen an, und fragen Sie Ihren Partner, ob Sie nicht miteinander diese Verse lesen können (auch wenn Sie noch so eingeschnappt sind).

Vergebt einer dem andern,
wie auch Gott euch vergeben hat in Christus.

Epheser 4,32

Vor allen Dingen habt untereinander beständige Liebe;
denn »die Liebe deckt auch der Sünden Menge«.

1. Petrus 4,8

Wir aber, die wir stark sind, sollen das Unvermögen der Schwachen tragen und nicht Gefallen an uns selber haben.

Römer 15,1

Liebe ist geduldig und freundlich. Sie kennt keinen Neid, keine Selbstsucht, sie prahlt nicht und ist nicht überheblich. Liebe ist weder verletzend noch auf sich selbst bedacht, weder reizbar noch nachtragend. Sie freut sich nicht am Unrecht, sondern freut sich, wenn die Wahrheit siegt. Diese Liebe erträgt alles, sie glaubt alles, sie hofft alles und hält allem stand.

1. Korinther 13,4-7 Hfa

Weder Neid noch blinder Ehrgeiz sollen euer Handeln bestimmen. Im Gegenteil, denkt von euch selbst gering, und achtet den anderen mehr als euch selbst. Denkt nicht immer zuerst an euch, sondern kümmert und sorgt euch auch um die anderen.

Philipper 2,3-4 Hfa

So wie ihr von den Menschen behandelt werden möchtet, so behandelt sie auch.

Matthäus 7,12 Hfa

Eure Liebe muss aufrichtig sein. Und wie ihr das Böse hassen müsst, sollt ihr das Gute lieben. In herzlicher Liebe sollt ihr miteinander verbunden sein, und gegenseitige Achtung soll euer Zusammenleben bestimmen.

Römer 12,9-10 Hfa

Mit Bitterkeit, Jähzorn, Wut, gehässigem Gerede oder anderen Gemeinheiten sollt ihr nichts mehr zu tun haben. Seid vielmehr freundlich und barmherzig, immer bereit, einander zu vergeben, so wie Gott euch durch Jesus Christus vergeben hat.

Epheser 4,31-32 Hfa

Seid freundlich und geduldig, gebt andere nicht so schnell auf und dient einander in selbstloser Liebe!

Epheser 4,2 Hfa

Orientiert euch an Jesus Christus: Obwohl er Gott in allem gleich war ..., bestand er nicht auf seinen Vorrechten.

Philipper 2,5-6 Hfa

❀ ❀ ❀

Vielleicht haben Sie manchmal den Eindruck, Sie müssten einen Therapeuten ins Haus rufen, damit er Ihnen hilft, die Missstimmungen auszuräumen. Billiger ist es, eines der vielen Eheseminare zu besuchen, die in vielen Gemeinden und Verbänden angeboten werden, oder eines der Bücher zu lesen, in denen es um die Grundvoraussetzungen für eine gute Beziehung geht. Bitten Sie Ihren Partner, eines dieser Bücher mit Ihnen gemeinsam zu lesen. Auch wenn Vorlesen heute nicht mehr »in« ist, probieren Sie es einmal. Es schafft Vertrautheit und gibt ein Gefühl der Zusammengehörigkeit.

P. S. Der Mensch verbringt rund sieben Jahre seines Lebens auf dem stillen Örtchen. Vielleicht lohnt es sich, auch dort ein gutes Buch hinzulegen.

Haben Sie Angst vor Auseinandersetzungen?

Wer Streit aus dem Weg geht, der behauptet, er tue das nur um des lieben Friedens willen. Die Therapeuten sind sich aber durchweg einig, dass – besonders in der Ehe – die Weigerung, wichtige Fragen offen zu diskutieren, in der Regel genau den entgegengesetzten Effekt hat. Sie verstärkt den Konflikt und schürt den Zorn und Groll des Partners. Außerdem ist sie feige.

Wenn Sie mehrere der folgenden Fragen mit Ja beantworten, dann gehen Sie Problemen wohl eher aus dem Wege, anstatt den Dingen gemeinsam mit Ihrem Mann ins Auge zu sehen. Muss Ihr Partner, der, in der Hoffnung auf ein gutes Gespräch, mit einem Kompromiss oder einer Lösung zu Ihnen kommt, frustriert wieder abziehen? Denken Sie einmal darüber nach.

1. Halten Sie es für falsch, zu widersprechen oder zornig zu werden?
2. Sind Sie vom »Es ist doch alles in Ordnung«-Syndrom befallen, selbst wenn Ihre innere Stimme anderer Meinung ist oder Ihr Mann mit einem ernsten Problem zu Ihnen kommt? Wer Problemen am liebsten aus dem Weg geht, der weigert sich oft zuzugeben, dass irgendetwas nicht in Ordnung ist. Kritische Situationen werden so nie zur Sprache gebracht.

3. Wie lange ist es her, dass Sie mit Ihrem Mann über finanzielle Fragen, Sex oder die Verwandschaft geredet haben?
4. Suchen Sie oft nach Ausreden, sobald Ihr Mann etwas Wichtiges mit Ihnen besprechen will? Fällt es Ihnen schwer, einen richtigen Zeitpunkt oder Ort für eine Aussprache zu finden? Haben Sie Angst, die Nachbarn oder die Kinder könnten Sie hören, oder reden Sie sich damit heraus, dass Sie im Fernsehen die Übertragung des Tennisspiels sehen wollen?
5. Gibt es heikle Themen, die Sie vermeiden, weil sie immer in Tränen oder Geschrei enden?
6. Besorgen Sie lieber ein Geschenk für Ihren Partner, um ihn zu besänftigen, als dass Sie das Problem im Gespräch mit ihm lösen? Therapeuten sagen, diese Masche werde vor allem von den Männern gepflegt.
7. Lenken Sie bei einem Konflikt möglichst schnell ein, bevor »irgendwelche Gefühle verletzt« werden können, anstatt Ihre eigene Meinung zu vertreten?
8. Ist es schon mehr als sechs Monate her, dass Sie Ihren Partner gefragt haben, was ihn beschäftigt, oder selbst ein Thema zur Sprache gebracht haben, das Ihnen keine Ruhe lässt?

8

Die absoluten Ehekiller

Ebbe im Portmonee ist noch lange kein Grund zur Langeweile

Vielleicht haben Sie das vage Gefühl, dass mit Ihrer Ehe irgendetwas nicht stimmt, wissen aber nicht was. Sie können sich nicht mehr auf das gemeinsame Wochenende freuen, und wenn Sie zum Essen ausgehen, dann wissen Sie kaum mehr, worüber Sie sich unterhalten sollen. Hält der Zustand einmal zwei oder auch drei Tage an, ist das sicher noch kein Grund zur Unruhe. Jeder kennt die trübe Stimmung, die einen im Winter befallen kann, oder hat einmal ein Tief, weil die Probleme kein Ende nehmen wollen. Es ist der Grauschleier, der sich über den Alltag legt, der ewig selbe Trott, wenn nichts Neues mehr passiert und die Dinge nur noch ohne innere Beteiligung erledigt werden, der die Nähe zerstört. Aber wie lange können wir das aushalten?

»Wir haben alles versucht, um die Leere zwischen uns zu überbrücken«, berichtet eine Frau. »Wir sind doch zwei ganz normale Menschen. Aber irgendwie wissen wir nicht mehr, wie wir als Ehepartner miteinander umgehen sollen. Wir sind total ausgelaugt.«

Wunder können wir hier nicht versprechen und auch keine Patentrezepte anbieten. Aber der Versuch, jeden Tag oder zumindest jede Woche einmal etwas Neues zu unternehmen, kann einer Beziehung, die nur noch zum Gähnen ist, wieder neuen Schwung verleihen und das so angenehme und befriedigende Gefühl der Zusammengehörigkeit zurückbringen. Nähe und

Zuneigung gedeihen am besten, indem man sich Zeit nimmt füreinander und um gemeinsam Neues zu wagen.

Wie aber können Sie der Langeweile entkommen, wenn der Kontostand keine großen Sprünge erlaubt? Auch vom heimischen Sessel aus können Sie das Leben genießen, und das noch (fast) umsonst. Die folgenden Ideen wollen Ihnen helfen. Suchen Sie aber nur die Voschläge aus, die beiden Spaß machen.

❀ ❀ ❀

Sofareisen in Begleitung: Holen Sie sich schon im Winter Prospekte aus dem Reisebüro, und planen Sie den Sommerurlaub, während Sie nebenbei am Salzgebäck knabbern oder Pizza essen.

❀ ❀ ❀

Wählen Sie ein Land aus, und holen Sie sich dazu ein Video. Dann machen Sie es sich in der Sofaecke bequem und reisen in die entlegensten Gegenden, bis Sie die halbe Welt entdeckt haben. Besuchen Sie palmenbestandene Strände; überlegen Sie, wohin Sie fliegen wollen, falls Sie endlich die zehn Millionen im Lotto gewinnen. Fahren Sie vom Sofa aus eine ganze Woche lang jeden Abend in ein anderes Land.

❀ ❀ ❀

Popcorn-Kino für zwei: Holen Sie sich zwei oder drei Filme aus der Videothek, und machen Sie sich zu Hause einen gemütlichen oder romantischen Abend. Die neuesten Hollywood-Produktionen sagen Ihnen nichts? Dann holen Sie sich doch einen Klassiker, ein Musical oder einen Zeichentrickfilm etc.

❀ ❀ ❀

Planen Sie einen Fernsehabend. Stellen Sie ein paar Snacks und etwas zum Trinken bereit, und kreuzen Sie in der Fernsehzeitschrift mit leuchtend rotem Stift die Filme an, die Ihnen beiden Spaß machen könnten.

❀ ❀ ❀

Probieren Sie ein neues Hobby aus. Es gibt Tausende von Angeboten, und zu vielen Dingen gibt es heute einen Lehrgang auf Videokassette. Holen Sie sich einen Spanischkurs oder eine Anleitung für Kleinaktionäre, lernen Sie, alte Möbel zu restaurieren oder zu schnitzen, oder lassen Sie sich erklären, wie man im Immobilienhandel viel Geld verdienen kann.

❀ ❀ ❀

Jeder Abend kann zur Tanzparty werden. In Ihrem »Privatklub« müssen Sie keinen Eintritt zahlen, und Sie können sogar selbst die Musik auswählen. Rollen Sie den Teppich zusammen, und rocken Sie durch Flur und Küche, oder tanzen Sie Wange an Wange einen Foxtrott zum Sound von Glen Miller. Sie können nicht tanzen? Dann holen Sie sich einen Tanzkurs auf Video, und lernen Sie Walzer, Rumba oder Swing.

❀ ❀ ❀

Sortieren Sie endlich einmal die Familienfotos, und legen Sie ein paar Alben an – für die Eltern, die Kinder oder sich selbst –, und wenn Sie hier und da in Erinnerungen schwelgen, umso besser.

❀ ❀ ❀

Legen Sie für die Kinder einen Stammbaum an oder fangen Sie an, die Familiengeschichte aufzuschreiben. Dazu brauchen Sie zum Glück die Hilfe Ihres Partners.

❀ ❀ ❀

Setzen Sie sich zusammen, und schreiben Sie im Voraus die Adressen für die Weihnachtskarten, oder bedanken Sie sich für die Geschenke. Oder schreiben Sie einen kleinen Gruß oder ein paar aufmunternde Worte an Mitglieder Ihrer Gemeinde, die krank sind oder denen es im Moment aus anderen Gründen nicht gut geht.

❀ ❀ ❀

Überlegen Sie gemeinsam, welche Traditionen Sie in Ihrer Familie pflegen oder einführen wollen. Wollen Sie die Weihnachtsgeschenke erst am fünfundzwanzigsten Dezember auspacken? Über Neujahr auf die Malediven fliegen? An Ostern keine Eier bemalen? Eine Familie stellt an Silvester neben jeden Teller ein kleines Körbchen und legt drei getrocknete Haselnüsse daneben. Ehe das Essen aufgetragen wird, legt jeder die Nüsse in sein Körbchen und nennt drei Dinge, für die er besonders dankbar ist.

❀ ❀ ❀

An einer guten Ehe muss man arbeiten. Holen Sie Eimer und Bürste herbei, und waschen Sie das Auto, oder putzen Sie alle achtzehn Fenster in Ihrem Haus. Gehen Sie auf die Jagd nach dem letzten Staubkorn, und stellen Sie die ganze Wohnung auf den Kopf. Auch wenn Sie selbst dabei nicht sauber bleiben, probieren Sie die neusten Reinigungsmittel aus. Wird die Wohnung allmählich zu klein, weil sich so viel Unrat angesammelt hat? Schaffen Sie Ordnung, und nehmen Sie jeden Schrank unter die Lupe, und vergessen Sie auch die Garage nicht! Machen Sie dem Chaos in der Küche ein Ende, und räumen Sie die Regale leer. Wer weiß, vielleicht können Sie manches noch auf dem Flohmarkt verkaufen und werden für die Mühe auch noch belohnt?!

❀ ❀ ❀

Tauschen Sie die Rollen. Was bislang »seine« Aufgabe war, das erledigen nun Sie, und er übernimmt Ihre Arbeit. So lernen Sie es, einander wieder ganz neu zu schätzen. Vielleicht können Sie auch in Ihrer Beziehung die männliche und die weibliche Rolle gegeneinander tauschen. Denken Sie einmal darüber nach.

❀ ❀ ❀

Stellen Sie sich gemeinsam in die Küche, und überlegen Sie, was für ein Menü Sie zusammen kochen könnten. Es gibt Kochbücher mit Rezepten speziell für zwei Personen.

❀ ❀ ❀

Versuchen Sie, gerade die alltäglichen Aufgaben kreativ zu gestalten. Ein Ehepaar stritt regelmäßig darüber, wer am Morgen vor der Arbeit mit dem Hund Gassi gehen sollte. Irgendwann merkten sie, dass sie kaum einmal Zeit füreinander hatten, deshalb beschlossen sie, beide etwas früher aufzustehen und den Hund gemeinsam auszuführen. Jetzt freuen sie sich auf den Spaziergang und erkunden die nähere Umgebung, die sie sonst nie gesehen hätten. Sie sind sich einig, dass sie am frühen Morgen viel besser über die anstehenden Fragen und Probleme reden können als am Abend, wenn sie müde und abgespannt sind.

❀ ❀ ❀

Bleiben Sie zu Hause, und waschen oder färben Sie einander die Haare.

❀ ❀ ❀

Lesen Sie einander vor. Holen Sie sich einen Stapel Comics, oder lesen Sie die lustige Seite in der Zeitung. Entscheiden Sie sich für einen Krimi, bei dem Ihnen die Haare zu Berge stehen. Oder probieren Sie es mit einer Do-it-yourself-Anleitung, die Sie beide interessiert. Wie wär's, in einem Jahr die Bibel durchzulesen? Jahresbibeln oder Bibellesepläne gibt es in der christlichen Buchhandlung. Oder jeder von Ihnen liest ein Buch, das ihn interessiert, und Sie erzählen sich hinterher, was Sie daran besonders gefesselt hat. Manche sagen, dass auf diese Art oft die besten Ideen entstehen.

❀ ❀ ❀

Sie können auch zusammen in die Bibliothek gehen und sich dort in der Stille des Lesesaals der Lektüre widmen. Blättern Sie durch die interessanten Zeitschriften, die Sie sich nicht im Abonnement leisten können.

❀ ❀ ❀

Durchbrechen Sie die morgendliche Routine von Duschen und Frühstücken, und gewöhnen Sie es sich an, zum Tagesbeginn gemeinsam einen Abschnitt aus einem Andachtsbuch zu lesen.

❀ ❀ ❀

Wie lange ist es her, seit Sie das letzte Mal am Sonntagabend miteinander gespielt haben – Rommé, Schach, Monopoly oder Dame? Planen Sie eine ganze Turnierwoche, und tragen Sie Ihre Ergebnisse auf einer Wandtafel ein. Der Sieger bekommt alle Fünf-Pfennig-Stücke aus der Dose, die Sie als Türstopper benutzen. Oder suchen Sie ganz spontan die Frisbee-Scheibe hervor oder den Fußball, der irgendwo in der Ecke liegt. Überlegen Sie, wie Sie sich früher vergnügt haben. Worüber haben Sie gemeinsam gelacht, was hat Ihnen besonderen Spaß gemacht?

❀ ❀ ❀

Besorgen Sie sich das größte Puzzle, das Sie auftreiben können, und versuchen Sie, es zusammenzulegen. Eine Hälfte übernehmen Sie, die andere Ihr Mann.

❀ ❀ ❀

Suchen Sie ein paar Versandhauskataloge zusammen – mit Angeboten für Sportsachen, Bekleidung, Sammlerstücke, Geschenke, Schmuck oder was Sie beide sonst interessiert. Bewaffnen Sie sich mit einem Stift, und richten Sie sich das Schlafzimmer Ihrer Träume ein, oder wählen Sie die neusten Geräte für Ihre frisch renovierte Küche aus. Beim Einkauf per Katalog müssen Sie sich nie über das Gedränge ärgern, und Sie können vierundzwanzig Stunden am Tag nach Weihnachtsgeschenken suchen, noch dazu im bequemen Pyjama.

❀ ❀ ❀

Nehmen Sie miteinander an Preisausschreiben und Wettbewerben teil. Zwei Köpfe sind besser als einer und finden schneller die gefragte Lösung. Und mit zwei Paar Händen geht auch das Ausfüllen der Lösungsabschnitte und Adressieren der Umschläge schneller. Schauen Sie sich auch beim Einkaufen um, ob im Supermarkt oder in der Drogerie irgendwelche Postkarten herumliegen, die Ihnen die tollsten Preise anbieten. Gegen eine Reise nach Florida oder zehntausend Mark hätten Sie doch bestimmt nichts einzuwenden, oder?

❀ ❀ ❀

Kaufen Sie hin und wieder ein paar Lutscher oder einen Schokoriegel, Knabbereien oder einen Becher Eiskrem, die Sie gemeinsam genießen, während Sie den Meisen zusehen, die sich um die Kerne im Vogelhäuschen streiten.

❀ ❀ ❀

An einem heißen Sommertag holen Sie den Gartenschlauch aus dem Keller, oder suchen Sie in den Spielzeugschubladen der Kinder nach den Wasserpistolen.

❀ ❀ ❀

Und im Winter ziehen Sie den dicken Mantel an, stülpen sich eine Mütze über die Ohren, suchen Handschuhe und Stiefel hervor und laufen bei Schneegestöber durch den Park. Gehen Sie Schlitten fahren, stapfen Sie durch den Tiefschnee, wo vor Ihnen noch niemand hergegangen ist, oder lassen Sie sich mit ausgebreiteten Armen in den Schnee fallen. Bauen Sie einen Schneemann oder einen Iglu, liefern Sie sich eine Schneeballschlacht. Dafür lassen sich bestimmt auch die Kinder begeistern.

❀ ❀ ❀

Sorgen Sie für Wachstum! Legen Sie einen Garten an. Sie pflanzen die Blumen, er das Gemüse. Suchen Sie ein paar exotische Gewächse aus, oder bleiben Sie bei den traditionellen Erdbeeren und Kartoffeln. Sie werden für Ihre Mühen belohnt und können den schönsten Erdbeerkuchen backen oder sich am Kartoffelfeuer wärmen.

❀ ❀ ❀

Spazieren Sie Arm in Arm bei Mondschein, oder teilen Sie sich bei Regen einen Schirm. Unterhalten Sie sich über Ihre gemeinsame Zukunft. Kramen Sie die Erinnerungen an Ihre erste Begegnung hervor. Zu Hause können Sie sich dann laut aus den alten Liebesbriefen vorlesen.

❀ ❀ ❀

Führen Sie an einem Wochenende zu Hause Ihr eigenes Eheseminar durch. Jeans und T-Shirt sind erlaubt, und er muss sich auch nicht unbedingt die erotischen Bartstoppeln abrasieren. Besorgen Sie sich eine Videokassette von einem Eheseminar, füllen Sie im dazugehörigen Arbeitsheft die Fragen aus, und reden Sie miteinander über Ihre Antworten. Das Essen lassen Sie vom Pizzakurier bringen.

❀ ❀ ❀

Erinnern Sie sich noch an den Rest Plätzchenteig, den Sie vor Weihnachten in den Gefrierschrank gelegt haben? Jetzt wäre es an der Zeit, ihn hervorzuholen und gemeinsam mit Ihrem Geliebten zu verarbeiten. Servieren Sie Ihre Eigenproduktion mit einer Tasse heißer Schokolade und einem Tupfer Schlagsahne.

❀ ❀ ❀

Erlauben Sie sich einmal einen Tag Pause von der Diät, und schieben Sie ein paar Bratäpfel in die Röhre, oder machen Sie Popcorn oder Karamelbonbons.

❀ ❀ ❀

Vielleicht schwärmt er schon seit Jahren von Tante Katjas Honigkuchen oder dem Kartoffelsalat, wie nur seine Mutter ihn machte. Jetzt ist die Gelegenheit, einmal ein paar seiner Lieblingsrezepte auszuprobieren. Vielleicht können Sie zusammen ein Fünf-Sterne-Menü vorbereiten. Sie übernehmen den Hauptgang, er die Vorspeise und das Dessert. Oder Sie denken sich den originellsten Pizzabelag aus. Kulinarische Katastrophen sind erlaubt und bieten willkommenen Anlass zu Gelächter.

❀ ❀ ❀

Braten Sie eine Weihnachtsgans, und nehmen Sie sie mit zu seiner Mutter. Erzählen Sie, was für einen Spaß Sie bei Ihren gemeinsamen Kochversuchen hatten und wie froh Sie waren, dass etwas Vernünftiges dabei herausgekommen ist. Vielleicht gibt es in Ihrer Nähe Kochkurse, an denen Sie umsonst teilnehmen können. Laden Sie hinterher ein paar Freunde ein, mit denen Sie gemeinsam das Ergebnis Ihrer Kochkunst genießen können. Oder kaufen Sie sich einen Wok, und lassen Sie alle kräftig rühren.

❀ ❀ ❀

Backen Sie einer guten Freundin einen Kuchen, auch ohne besonderen Anlass. Überziehen Sie ihn mit einem leckeren Guss, verzieren Sie ihn mit ein paar Marzipanrosen, und liefern Sie ihn frei Haus.

❀ ❀ ❀

Höhlen Sie einen Kürbis aus, und machen Sie daraus eine Laterne.

❀ ❀ ❀

Ihnen wäre es am liebsten, einmal gar nichts zu tun? Dann streichen Sie alle Aktivitäten von Ihrer Samstagsliste, und nehmen Sie sich überhaupt nichts vor. Wie lange hält ein geschäftiger Mensch wie Sie das wohl aus? Irgendwann werden Sie sich doch eine Beschäftigung suchen, aber die Hauptsache ist, es steht kein Muss dahinter. Trödeln Sie einfach herum. Genießen Sie das ausgedehnte Frühstück. Wandern Sie durch den Garten, und betrachten Sie die Blumen, die Sie im Frühling gepflanzt haben. Räumen Sie den Schreibtisch auf. Egal! Lassen Sie die Dinge einfach auf sich zukommen.

❀ ❀ ❀

Draußen mag es noch so ungemütlich sein, Sie können auch dem kältesten Wintertag einen Hauch Wärme geben, indem Sie drinnen am Kamin ein gemütliches Picknick planen. Braten Sie ein paar Würstchen, Kastanien oder Äpfel, und dann reden Sie über alles, was Ihr Herz bewegt.

Und wenn das Loch in Ihrem Geldbeutel nicht ganz so groß ist? Was können Sie dann unternehmen? Die folgenden Vorschläge wollen Ihnen helfen, die Freude am gemeinsamen Ausgehen wieder zu entdecken, ohne dass Sie befürchten müssen, Sie wären hinterher nicht mehr in der Lage, die monatlichen Raten abzuzahlen. Hier sind die besten Tips für ein paar frohe Stunden bei begrenztem Budget:

Lassen Sie den Einkaufsbummel zum Wettstreit werden. Wer bekommt das meiste für sein Geld? Legen Sie vorher fest, wie viel Sie ausgeben wollen, ob eine oder fünf Mark. Zu Hause zeigen Sie sich Ihre Errungenschaften und entscheiden, wer gewonnen hat. Natürlich achten Sie dabei besonders auf Sonderangebote.

❀ ❀ ❀

Entdecken Sie die Freude am »einfachen Leben« – auch in der Küche. Füllen Sie die Regale auf mit Produkten, die Sie im Angebot finden konnten.

❀ ❀ ❀

Kaufen oder leihen Sie ein Video über die Stärkung der Mitte (Gymnastik für die Bauchmuskulatur), und probieren Sie die Übungen gemeinsam aus. Schauen Sie in der Zeitung nach Gutscheinen für einen freien Eintritt im Fitness-Center. Und vielleicht lässt Ihr Portmonnee es ja doch zu, dass Sie sich für einen Monat einschreiben können.

❀ ❀ ❀

Setzen Sie sich auf eine Bank mitten in der Fußgängerzone, oder parken Sie das Auto am Straßenrand, und spielen Sie »Leute gucken«. Vielleicht reicht es auch für eine Tüte Eiskrem!

❀ ❀ ❀

Das ganze Jahr haben Sie gespart, damit es für die Weihnachtsgeschenke reicht. Bitten Sie ihn, Sie beim Einkaufsbummel zu begleiten.

❀ ❀ ❀

Nehmen Sie den Bus in die Stadt, und betrachten Sie die Schaufenster, damit Sie wissen, was aktuell ist und wie die neue Mode aussieht. Haben Sie keine Angst vor den funkelnden Auslagen in den teuersten Läden, Sie wollen sich ja nur informieren. Lassen Sie sich am Kosmetikstand ein perfektes Make-up auftragen, und sammeln Sie Parfümproben. Schauen Sie sich die extravaganten Designerkleider an, die verführerischen Dessous oder die gestylten Sonnenbrillen.

❀ ❀ ❀

Sie können sich auch in Fachgeschäften umsehen, in denen es das Zubehör für ein bestimmtes Hobby gibt – Segeln, Skifahren, Skaten oder was Ihnen sonst Freude macht. Dann wissen Sie im Voraus, wie Sie demnächst Ihr Geld ausgeben können. Blättern Sie durch die gelben Seiten in Ihrem Telefonbuch. Dort finden Sie:

- Spielwarenläden,
- Gartencenter,
- Sportgeschäfte,
- Secondhandläden,
- Buchhandlungen für Fachliteratur,
- den Riesensupermarkt, in dem Sie alles finden, von der Currysoße bis zum Computer,
- Grußkartenläden,
- Parfümerien,
- Baumärkte,
- Antiquitätenläden.

❀ ❀ ❀

Wenn irgendwo ein neuer Lebensmittelmarkt, eine Tankstelle oder ein anderes Geschäft eingeweiht wird, besuchen Sie die Eröffnungsfeier. Meistens gibt es dort am ersten Tag irgendwelche Gratisangebote.

❀ ❀ ❀

Besuchen Sie irgendwelche öffentlichen Großveranstaltungen in der nächsten Großstadt, einfach so zum Spaß, oder interessante Vorträge, Vernissagen in der Kunstgalerie oder die Eröffnung einer Ausstellung.

❀ ❀ ❀

Haben Sie schon einmal an einer Auktion teilgenommen? Dort kann man manchmal die erstaunlichsten Überraschungen erleben, wenn der Auktionator zum Beispiel ein paar der angebotenen Gegenstände zusammen in eine Schachtel packt und als ein Objekt verkaufen will. Mit zehn Mark können auch Sie dabei sein.

❀ ❀ ❀

Gehen Sie auf Flohmärkte. Blättern Sie die Zeitung durch, was im näheren oder weiteren Umkreis am Wochenende los ist.

❀ ❀ ❀

Gehen Sie in Secondhandläden. Manchmal kann man dort noch gut erhaltene Kleidung für sich und die Kinder finden.

❀ ❀ ❀

Besuchen Sie Antiquitäten- und Kunstgewerbeläden.

❀ ❀ ❀

Besuchen Sie ein Freiluftkonzert, oder nehmen Sie als Zaungast an einem Open-air-Festival teil.

❀ ❀ ❀

Gehen Sie auf eine Tierausstellung, egal ob es um Pferde, Kaninchen oder Rassehunde geht. Sie werden staunen, was für Tiere es auf dieser Welt gibt. Von manchen haben Sie wahrscheinlich noch nie etwas gehört.

❀ ❀ ❀

Verabreden Sie sich irgendwo mit Ihrem Partner, wo Sie noch nie gewesen sind – in einem vegetarischen Imbiss oder Restaurant, in der Snackbar eines großen Museums oder auf einer bestimmten Parkbank, wo Sie beide den mitgebrachten Imbiss auspacken und die Tauben oder Eichhörnchen füttern. Oder ziehen Sie einfach mal ein paar Überstunden ein, machen Sie einen Vormittag frei, und besuchen Sie die Matinee im Kino.

❀ ❀ ❀

Gehen Sie um Mitternacht für einen gemeinsamen Drink in die Kneipe an der Ecke, die rund um die Uhr geöffnet hat.

❀ ❀ ❀

Nehmen Sie an einer Betriebsbesichtigung in der Konservenfabrik oder dem Schokoladenwerk teil.

❀ ❀ ❀

Nehmen Sie sich ein paar Stunden Zeit, um den neuen Buchladen in aller Ruhe von oben bis unten zu durchstöbern.

❀ ❀ ❀

Schauen Sie in der Zeitung, wann im Theater oder der Kleinkunstbühne eine öffentliche Generalprobe durchgeführt wird. Viele Schauspieler freuen sich, dass wenigstens zwei Zuschauer im Saal sitzen.

❀ ❀ ❀

Schauen Sie dem Sportverein beim Training zu. Hier können Sie die großen Profis kostenlos bewundern.

❀ ❀ ❀

An einem besonders heißen Sommerabend besuchen Sie die Kunsteisbahn. Gleiten Sie formvollendet übers Eis, wirbeln Sie im Takt um die eigene Achse, und genießen Sie die angenehmen

Temperaturen. Oder verabreden Sie sich am Nachmittag im Videoladen, und schauen Sie sich Proben an.

❀ ❀ ❀

Lassen Sie sich nicht das Steuer aus der Hand nehmen. Melden Sie sich beim Autohändler zu einer Probefahrt mit den neusten Modellen der Saison an. Was soll's denn sein? Der neue Mercedes? Ein Porsche? Oder ein Familienwagen? Wenn Ihr alter Wagen dann endgültig den Geist aufgibt, wissen Sie bereits, was Sie kaufen werden.

❀ ❀ ❀

Gehen Sie zusammen zur nächsten Wahl. Machen Sie die Abstimmung eine Woche lang zum Gesprächsthema, auch wenn niemand Ihre Begeisterung teilt. Gehen Sie hinterher einen Kaffee trinken, und verfolgen Sie die Hochrechnungen am heimischen Bildschirm. Vielleicht schafft Ihr Kandidat ja ein überraschendes Comeback.

❀ ❀ ❀

Machen Sie sich nass! Leihen Sie sich im Laden oder bei Freunden ein Surfbrett, die Tauchausrüstung, die Wasserski, das Schlauchboot oder die Angelruten aus. Gehen Sie zusammen schwimmen, und knutschen Sie unter Wasser.

❀ ❀ ❀

Besuchen Sie die Fußballspiele der Junioren (oder der zweiten Liga).

❀ ❀ ❀

Suchen Sie sich ein neues Hobby, zum Beispiel Orientierungslauf. Hier lernen Sie, sich auf unbekanntem Gelände zurechtzufinden. Dazu brauchen Sie keine teure Ausrüstung, ein Kompass reicht schon aus. Ziel ist es, alle Kontrollpunkte zu finden und den Kurs in einer möglichst kurzen Zeit zu absolvieren. Ein toller Sport – auch für den Orientierungslosen! Schauen Sie in der Lokalzeitung bei den Vereinen nach, wann die nächsten Kurse angeboten werden.

❀ ❀ ❀

Wandern Sie zusammen am Strand entlang, bis Sie das Gefühl für Raum und Zeit völlig verloren haben. Halten Sie Händchen. Lassen Sie Ihre Zehen sanft von den Wellen umspülen, und plaudern Sie über dies und das. Ein paar Sandwiches und die Thermosflasche haben Sie ja wohl eingepackt?

❀ ❀ ❀

Bummeln Sie durch den Stadtpark, oder besuchen Sie ein Naturschutzgebiet. Setzen Sie sich auf die Schaukel, oder folgen Sie dem Naturlehrpfad. Suchen Sie nach vierblättrigen Kleeblättern. Lassen Sie kleine Steinchen über den See flitzen.

❀ ❀ ❀

Setzen Sie sich in Bewegung! Erforschen Sie miteinander die Nachbarschaft, vielleicht am Abend, wenn die Fenster hell erleuchtet sind, oder sogar bei Regen. Ritzen Sie Ihre Namen in die Rinde der Tanne in Ihrem eigenen Vorgarten, oder spielen Sie mit Nachbars Hund. Träumen Sie davon, wie es wäre, wenn Sie das leer stehende Haus kaufen könnten.

❀ ❀ ❀

Machen Sie mit dem Auto eine Fahrt ins Blaue. Sammeln Sie Blumen oder Blätter, die Sie anschließend zu Hause pressen wollen. Lassen Sie sich treiben.

❀ ❀ ❀

Erkundigen Sie sich, wo Sie Erdbeeren oder Kirschen selbst pflücken können, und kochen Sie zu Hause Ihre eigene Marmelade.

❀ ❀ ❀

Holen Sie sich beim Verkehrsverein Prospekte und Pläne, und besuchen Sie die Sehenswürdigkeiten in Ihrer Nähe, von denen Sie bis jetzt noch gar keine Ahnung hatten. Sie werden viele interessante Hinweisschilder entdecken, die Ihnen früher nie aufgefallen sind, und kleine Museen oder Gedenkstätten.

❀ ❀ ❀

Gehen Sie zum Blutspenden.

❀ ❀ ❀

Notieren Sie in Ihren und seinen Terminkalender für den Freitagabend um halb sieben »Aufbruch zu unbekannten Zielen«. Sie setzen sich selbst ans Steuer. So können Sie die Spannung bei Ihrem Partner noch erhöhen. Nähern Sie sich dem Ziel auf Umwegen an, fahren Sie über kleine Landsträßchen, oder kehren Sie auch einmal wieder um. Schließlich endet Ihre Fahrt an einem Grillplatz oder bei der neuen Eisdiele. Wie wär's, wenn Sie sich vornehmen, eine Zeit lang jeden Monat eine solche Ausfahrt zu planen, einfach so, zum Spaß? Sie können vielleicht einen alten Schulfreund besuchen, der erst kürzlich wieder in Ihre Stadt gezogen ist, die Vorführung im Planetarium ansehen oder eine Kunstgalerie.

❀ ❀ ❀

Nehmen Sie in der Stadt, in der Sie wohnen, an einer Führung zu historischen Plätzen teil.

❀ ❀ ❀

Besuchen Sie entfernte Kusins und Kusinen, die Sie schon seit Jahren nicht mehr gesehen haben, eine alte Tante im Pflegeheim oder den alten Onkel, der allein in seiner Wohnung lebt. Nehmen Sie sich Zeit für ihn, und backen Sie ihm vielleicht einen Kuchen.

❀ ❀ ❀

Schlendern Sie über einen Friedhof, und versuchen Sie, die Grabinschriften zu entziffern oder die Gräber schon lang verstorbener Vorfahren zu finden. Schreiben Sie sich die originellsten Sprüche von den Grabsteinen auf.

❀ ❀ ❀

Besichtigen Sie ein Gestüt oder eine Hühnerfarm. Schlachten Sie das Sparschwein, und gehen Sie hinterher in den »Wienerwald«.

❀ ❀ ❀

Der nächste Sonntag ist ein ganz besonderer Tag. Sie haben endlich beschlossen, wieder gemeinsam in die Kirche zu gehen, wie Sie es eigentlich schon so lange vorhatten! Sie werden versuchen, früh genug dort zu sein, und hinterher nicht gleich davonrennen, sondern sich noch ein wenig mit den Leuten unterhalten.

Alternative: Wenn Sie bereits regelmäßige Gottesdienstbesucher sind, dann bleiben Sie doch zur Abwechslung an einem Sonntag zu Hause, und schauen Sie sich den Fernsehgottesdienst an. Oder nehmen Sie am Abendgottesdienst teil, den Sie sonst nicht besuchen.

❀ ❀ ❀

Gehen Sie am Heiligabend einmal in die Mitternachtsmette, besuchen Sie an Ostern die Osternacht.

❀ ❀ ❀

Schauen Sie im Veranstaltungsteil der Zeitung nach, ob irgendwo ein Kirchenchor oder ein Gemeindeorchester ein kostenloses Konzert gibt. Vielleicht wird in einer Gemeinde ein interessantes Seminar durchgeführt oder ein öffentlicher Vortrag angeboten.

❀ ❀ ❀

Melden Sie sich zur Mithilfe beim Empfangsteam der Gemeinde, für die Kinderbetreuung oder den Besuchsdienst.

❀ ❀ ❀

Wenn das Geld nicht allzu knapp ist …

Mieten Sie ein Tandem. Holen Sie sich beim Kostümverleih ein paar historische Kostüme, oder fragen Sie, ob Sie im Theater welche ausleihen können. Die Aufmerksamkeit der Passanten wird Ihnen sicher sein!

❀ ❀ ❀

Und nun auf zum Straßenfest! Die Menschen, die Ihnen begegnen, werden aus dem Staunen nicht herauskommen.

❀ ❀ ❀

Nehmen Sie ein paar Tennis- oder Golfstunden. Gehen Sie zum Minigolf, und spielen Sie ein paar Runden.

❀ ❀ ❀

Schnallen Sie sich die »schnellen Schuhe« unter, und laufen Sie Rollschuh.

❀ ❀ ❀

Mieten Sie ein Boot auf dem See, und genießen Sie einen Nachmittag lang den Wind und die Wellen.

❀ ❀ ❀

Sie bersten fast vor Abenteuerlust? Wie wär's dann mit einem Helikopterflug? Kajakfahren? Fallschirmspringen? Oder River Rafting?

❀ ❀ ❀

Buchen Sie gemeinsam einen Kurs in Selbstverteidigung oder Karate.

❀ ❀ ❀

Gesellschaftstanz ist wieder »in«. Wie wär's mit ein paar Tanzstunden im Dreivierteltakt? Oder wollen Sie es gleich mit Tango versuchen?

❀ ❀ ❀

Gehen Sie zusammen auf die Messe oder den Rummelplatz, und fahren Sie Karussell oder Achterbahn. Versuchen Sie, beim Ringewerfen einen Teddybär zu gewinnen, und stopfen Sie sich voll mit Zuckerwatte und frischen Waffeln.

❀ ❀ ❀

Lassen Sie sich in einem romantischen Cafē an einen möglichst abgeschiedenen Tisch führen. Setzen Sie sich nebeneinander. Blasen Sie die Kerzen aus. Oder gehen Sie zu dem originellen Italiener, wo Ihnen der Geiger immer ein Ständchen spielt.

❀ ❀ ❀

Planen Sie ein abwechslungsreiches Dinner oder einen Gang durch die internationale Speisekarte. Zur Vorspeise gehen Sie in ein chinesisches Restaurant, den Salat gibt es beim Griechen, den

Hauptgang im südamerikanischen Steakhaus und die Nachspeise beim Italiener. So haben Sie die Möglichkeit, endlich einmal all die schicken Lokale auszuprobieren, von denen Ihnen andere vorschwärmen.

❀ ❀ ❀

Mieten Sie eine Kutsche mit Kutscher, und lassen Sie sich durch den Stadtpark oder die Altstadt fahren. Lehnen Sie sich zurück, und nutzen Sie die Gelegenheit zu einem ausgiebigen Flirt.

❀ ❀ ❀

Wenn Sie mit dem Auto unterwegs sind, halten Sie irgendwo auf der Landstraße an, und heben Sie ein paar heruntergefallene Nüsse auf. Klettern Sie auf den nächsten Hügel, und schauen Sie den Wolken nach. Pflücken Sie am Wegesrand ein paar Blumen, die Sie zu Hause trocknen werden.

❀ ❀ ❀

Erkundigen Sie sich nach historischen Eisenbahnlinien. Auf manchen Strecken sind als Touristenattraktion noch Dampflokomotiven unterwegs, manchmal mit elegantem Speisewagen. Dafür kann sich jeder echte Eisenbahnfan begeistern.

❀ ❀ ❀

Vorhang auf! Besorgen Sie Tickets für ein romantisches Theaterstück, zum Beispiel *Das Phantom der Oper* oder die *West Side Story*. Kaufen Sie sich das Video, damit Sie das Stück zu Hause noch einmal ansehen können.

❀ ❀ ❀

Die durchschnittliche Lebenszeit des Menschen umfasst etwa viertausend Wochenenden! Nehmen Sie sich doch einmal vor, beim nächsten gemeinsamen Wochenendtrip nicht mehr als fünfzig Mark auszugeben. Den größten Spaß werden Sie wahrscheinlich bereits beim Planen und Überlegen haben.

Und was können Sie unternehmen, wenn Sie mehr Geld zur Verfügung haben? Sie haben monatelang gespart und brauchen nun ein paar Ideen, die ihr Geld wert sind? Wie wär's denn damit?

- Mieten Sie ein Wohnmobil, und fahren Sie irgendwohin, wo Sie schon immer hin wollten. Die Sorge um die lästige Zimmersuche entfällt.
- Fragen Sie im Reisebüro nach Last-Minute-Flügen oder anderen Sonderangeboten.
- Melden Sie sich zu einem Segeltörn im Mittelmeer an. Aalen Sie sich den ganzen Tag in der Sonne, tauchen Sie ins Meer, oder genießen Sie den Landgang auf einer Insel. Und natürlich können Sie zwischendrin auch einmal der Crew zur Hand gehen.
- Besuchen Sie die Diamantschleifereien in Idar-Oberstein oder die Tulpenblüte in Holland.

❀ ❀ ❀

Sie brauchen noch mehr Ideen? Wie wär's mit Zwiesel oder der Zugspitze, Münster oder München? Besuchen Sie Eurodisney oder Legoland, ziehen Sie mit dem Planwagen durch die Eifel oder mit dem Hausboot durch Südfrankreich. Die Reisebüros geben Ihnen gern Auskunft.

9
Mit Freuden unterwegs

Sie werden nicht mehr ohne ein paar dieser Tipps aus dem Haus gehen

Die Erde ist der beste Platz, um einander zu lieben.
Ich weiß nicht, wo es besser gehen könnte.

Robert Frost, Birken

Lassen Sie andere Paare ruhig jammern und klagen, weil der Beruf des Partners mit so vielen Reisen verbunden ist. Sicher, allzu häufige Trennungen sind nicht gerade angenehm, aber Sie sind doch beide kreative Köpfe und haben genug Ideen, damit die vielen Kilometer, die zwischen Ihnen liegen, Ihnen nicht aufs Gemüt schlagen müssen. Schließlich ermöglicht gerade dieser Job Ihnen auch ein angenehmes Leben. Da wird Ihnen sicher etwas einfallen, wie Sie auch über die Entfernung hinweg die Verbindung aufrechterhalten können. Und wenn Ihnen selbst kein zündender Gedanke kommt, dann finden Sie hier ein paar Vorschläge, die Wunder wirken und Ihre Liebe am Leben halten können. Aus den Augen heißt nicht unbedingt auch aus dem Sinn. Ihre Gedanken wandern oft zu Ihrem Partner, und das darf er wissen!

❀ ❀ ❀

Wenn er oft unterwegs ist

Erleichtern Sie sein Reisegepäck. Schenken Sie Ihrem »Geschäftsreisenden« einen kleinen, leichtgewichtigen Koffer mit Rollen und herausziehbarem Griff. Solch ein Koffer lässt sich leicht fahren, und man kann ihn als Handgepäck mit ins Flugzeug nehmen und spart sich das lästige Warten an der Gepäckausgabe. Er wird Ihr Geschenk bestimmt zu schätzen wissen und das Haus nie mehr ohne diesen hilfreichen Reisebegleiter verlassen, der ihn selbst am entlegensten Ort an Sie erinnert.

❀ ❀ ❀

Schreiben Sie ein paar aufmunternde oder liebevolle Worte auf ein besonders schönes Schreibpapier, oder schneiden Sie ein paar Herzen aus und stecken sie in den Koffer zwischen seine Wäsche. Legen Sie einen Zettel zwischen die T-Shirts, einen anderen in die Schuhe, schieben Sie einen in die Aspirinschachtel, zwischen die Socken oder in seine Brieftasche.

❀ ❀ ❀

Legen Sie ein gutes Ehebuch oder ein paar Kassetten in seinen Koffer. Und natürlich auch den Walkman.

❀ ❀ ❀

Nehmen Sie eine Kassette mit seiner Lieblingsmusik auf, ein paar klassischen Stücken, Gospels oder was er sonst so mag. Oder mit ein paar Sketchen, die ihn zum Lachen bringen.

Eine Frau zum Beispiel nimmt ein paar ruhige Musikstücke auf und liest zwischendurch einige Bibelverse, die ihrem Mann helfen, nach einem anstrengenden Tag abzuschalten und zur Ruhe zu kommen. Zum Schluss fügt sie noch ein paar persönliche Worte an und wünscht ihm eine gute Heimreise.

❀ ❀ ❀

Legen Sie einen Zettel in den Koffer: »Jeden Vormittag um elf werde ich an dich denken und für dich beten.« Sie können sicher sein, dass seine Gedanken um Punkt elf auch zu Ihnen wandern werden.

❀ ❀ ❀

Stecken Sie heimlich ein Bild von sich und den Kindern in seinen Schlafanzug, wenn Sie ihm beim Packen helfen.

❀ ❀ ❀

Packen Sie bereits mit Adresse versehene Postkarten an Sie, die Kinder und vielleicht an seine Eltern in seine Aktentasche. Dann braucht er nur noch jeden Tag ein paar kurze Worte dazuzuschreiben, und Sie ersparen ihm die lästige Suche nach Ansichtskarten und Briefmarken oder dem Adressbüchlein.

❀ ❀ ❀

Legen Sie ein vierblättriges Kleeblatt zwischen seine Wäsche, und schreiben Sie dazu: »Mir geht's so gut. Ich freue mich, dass du immer wieder zu mir zurückkommst.«

❀ ❀ ❀

Packen Sie ihm eine kleine Leselampe in den Koffer. Das ist eine große Hilfe, wenn man in fremden Zimmern übernachtet. Nun muss er nicht mehr über den Hocker stolpern, wenn er nachts um drei den Weg zum Badezimmer sucht.

❀ ❀ ❀

Packen Sie ihm ein paar kleine Snacks ein, damit er sein Hotelzimmer nicht verlassen muss. Wenn ihn um Mitternacht der Hunger überfällt, wird er Ihnen dankbar sein. Stecken Sie auch ein paar Safttüten oder Sprudeltabletten dazu.

❀ ❀ ❀

Schicken Sie vorab eine Karte, einen Brief oder ein kleines Geschenk für ihn ins Hotel (mit einem kleinen Trinkgeld), und bitten Sie die Rezeption, es in sein Fach zu legen, damit schon bei seiner Ankunft Post für ihn da ist. Oder auf sein Kopfkissen.

❀ ❀ ❀

Rufen Sie an, und erkundigen Sie sich, ob er gut angekommen ist. Vielleicht können Sie auch am Morgen um sechs Uhr den Weckdienst übernehmen. Oder, noch besser, vor allem wenn es sich um eine längere Reise handelt – überraschen Sie ihn mit einem Besuch, und wecken Sie ihn selbst auf, oder warten Sie im Zimmer auf ihn, wenn er am Abend müde ins Hotel zurückkommt.

❀ ❀ ❀

Hängen Sie ein großes »Willkommen zu Hause«-Schild übers Klavier, die Tür zum Wohnzimmer oder in den Flur, und er weiß, Sie und die Kinder freuen sich, dass er wieder zurück ist. Hängen Sie ein paar bunte Girlanden auf, und binden Sie ein paar Luftballons an den Briefkasten, oder wickeln Sie ein gelbes Band um den Baum im Vorgarten.

❀ ❀ ❀

Wenn Sie selbst unterwegs sind

Bei all dem Kommen und Gehen werden Sie einander oft vermissen. Aber auch der reisende Partner hat Möglichkeiten, seine Liebe zu zeigen.

❀ ❀ ❀

Hinterlassen Sie ihm ein paar Worte des Segens:

Der Herr segne dich und behüte dich;
der Herr lassen sein Angesicht über dir leuchten
und sei dir gnädig;
der Herr hebe sein Angesicht über dich und gebe dir Frieden.
4. Mose 6,24-26

❀ ❀ ❀

Nehmen Sie ein paar persönliche Worte auf Band auf, und legen Sie die Kassetten irgendwo hin, wo er sie auch findet. Vielleicht können Sie eine gute Freundin bitten, ihm an einem Abend das Essen zu machen.

❀ ❀ ❀

Schicken Sie ihm jeden Tag eine Karte. Schreiben Sie schon vorher die Adresse auf die Umschläge für den Fall, dass Ihnen unterwegs die Zeit fehlt. Oder stellen Sie ein paar Karten auf seinen Nachttisch. Schreiben Sie auf jeden Umschlag den Tag, an dem er sie lesen soll – Montag, Dienstag, Mittwoch usw. Legen Sie irgendetwas Lustiges hinein – ein Schokoladenherzchen, ein Kaugummi mit Zimtgeschmack, einen kleinen Lutscher oder ein Gummibärchen. Oder Sie können fünf Gänseblümchen in die Vase auf dem Esstisch stellen, eins für jeden Tag, an dem Sie fort sind.

❀ ❀ ❀

Legen Sie ein aufwändig verpacktes Päckchen auf sein Bett. (Darin steckt vielleicht das aufregende Dessous, von dem er noch nichts weiß.) Auf der beigelegten Karte versprechen Sie, in den ersten achtundvierzig Stunden nach Ihrer Rückkehr als Model in der neuen Wäsche aufzutreten. Vielleicht gibt es das passende Gegenstück auch für ihn?

❀ ❀ ❀

Kochen Sie seine Lieblingsgerichte vor, und frieren Sie sie portionsweise ein. Sie können die Spannung erhöhen, indem Sie die Mahlzeiten in Folie einpacken und nicht anschreiben. So kann er jeden Tag rätseln, was es heute wohl zu essen gibt.

❀ ❀ ❀

Rufen Sie ihn an, wenn Sie angekommen sind. Oder rufen Sie ihn jeden Tag oder jede Stunde an, wenn Ihnen das liegt. Versprechen Sie ihm irgendetwas für Ihre Rückkehr, und wenn es nichts weiter ist als: »Ich kann es kaum erwarten, dir alles zu erzählen.«

❀ ❀ ❀

Bringen Sie kleine Souvenirs mit nach Hause, Seife oder Körperlotion aus dem Hotel oder die kleinen Süßigkeiten, die Sie auf dem Kopfkissen vorfinden. Stöbern Sie durch die exotischen Läden. Vielleicht finden Sie etwas, was zu seinem Hobby passt, oder ein paar interessante Zeitschriften, die es am Kiosk zu Hause nicht gibt. Wenn Sie nach Hause kommen, gibt es eine kleine Bescherung!

❀ ❀ ❀

Sagen Sie ihm, Sie würden sich freuen, wenn er das nächste Mal mitkommen könnte. Fangen Sie an zu sparen, damit es auch klappt. Schön wäre es, wenn Sie auf dieser Reise nicht ganz so eingespannt wären.

❀ ❀ ❀

Wenn Sie in der glücklichen Lage sind, gemeinsam reisen zu können

Packen Sie jeweils einen Teil Ihrer Kleider in den Koffer des anderen. So haben Sie beide genug zum Anziehen, auch wenn einmal ein Gepäckstück verloren geht und die Fluggesellschaft es erst suchen muss.

❀ ❀ ❀

Übernachten Sie wenn möglich in kleineren Pensionen. Sie sind meist gemütlicher als ein großes Hotel, und Sie müssen auch auf Geschäftsreisen nicht auf ein bisschen Romantik verzichten.

Von Maria: »Heute, wo jeder sieben Tage die Woche voll eingespannt ist, ist es schwierig, überhaupt die Zeit für einen Wochenendausflug zu finden, und wenn, dann findet man keinen Babysitter. Aber ich habe immer einen fertig gepackten ›Notfallkoffer‹ im Schrank stehen. Außerdem habe ich ein wenig Erspartes zurückgelegt und mit unserem Babysitter eine Vereinbarung geschlossen, dass sie auch einmal überraschend einspringt. Ich zahle ihr dafür einen Zuschlag von fünfzig Prozent. So gibt es kein Durcheinander mehr, falls mein Mann plötzlich von der Arbeit nach Hause kommt und sagt: ›Wir können an diesem Wochenende das Ferienhaus vom Chef haben‹, oder: ›Ich muss mal raus. Komm, lass uns irgendwohin fahren.‹ Manchmal verbringen wir ein paar ganz ruhige Tage, manchmal wird es ein richtig romantisches Wochenende. Auf jeden Fall tut es uns beiden gut, Zeit füreinander zu haben.«